L'échec scolaire

ESSAIS SUR L'ÉDUCATION

Françoise Dolto

L'échec scolaire

Essais sur l'éducation

Cette édition de *L'Échec Scolaire*
est publiée par les Éditions de la Seine
avec l'aimable autorisation de ERGO-PRESSE

L'ÉCHEC SCOLAIRE
DES ENFANTS DES CLASSES PRIMAIRES

Texte prononcé le 27 février 1986, à l'hôpital Casanova de Saint-Denis.

Je me sens en difficulté devant vous, qui êtes tous des enseignants, pour vous dire quelque chose qui puisse vous éclairer sur ce que, au nom de la psychanalyse, on peut dire concernant les impasses des enfants face aux exigences des programmes scolaires.

Je ne sais pas si quelques-uns d'entre vous ont lu la relation que j'ai faite de mon propre apprentissage de la lecture, dont je me souviens parfaitement. C'est un des chapitres de *La cause des enfants* [1].

C'est la relation à la personne, qui est importante dans l'apprentissage à la lecture, mais c'est aussi l'envie fabuleuse, motivante, de connaître le contenu d'un livre.

Je n'ai pas appris à l'école, avec les autres. J'ai appris en vacances, grâce à une personne qui était venue aider ma mère, pour mes frères et sœurs aînés, alors que le cinquième enfant de la

1. Robert Laffont. 1985, p. 159 : « Les babouches d'Abou Kassem ».

famille venait de naître et que ma mère se consacrait plus à lui qu'aux aînés.

Devant ma passion pour un livre, un ancien livre de prix de mes aînés que je ne quittais pas, « Mademoiselle », comme nous l'appelions, m'a demandé : « Mais veux-tu lire ce qu'il y a dans ce livre? – Oui, oui. – Bon. Eh bien, nous commençons demain matin à t'apprendre à lire. » Ce qui fut dit fut fait et, tous les matins, je passais à peu près vingt minutes avec elle et un petit livre tout plat appelé « La Méthode » (de lecture).

Cette méthode, d'ailleurs, je la trouve tout à fait satisfaisante au regard de la méthode que j'ai vu employer pour mes enfants. Pour mes enfants, c'était une méthode qu'on appelait semi-globale, et je les ai tous vus avoir des difficultés d'orthographe à un moment de leur développement, tandis que, moi, je n'en ai jamais eu aucune.

Il me semble que la méthode que « Mademoiselle » employait était analytique. Depuis, j'ai appris qu'on l'appelait plutôt synthétique. En tout cas, il s'agissait d'analyser les phonèmes. C'était le *ba, be, bi, bo, bu,* etc. Je me souviens à quel point c'était difficile et décevant, ces leçons d'apprentissage, et il fallait toute ma confiance dans cette femme, pour admettre que ce qu'elle trouvait bien dans notre leçon de la matinée n'était pas le résultat d'un dérangement de son esprit.

A mons avis, ça ne rimait à rien, quand on

voulait lire, de faire les exercices qu'elle m'imposait.

Enfin, un jour, après des soi-disant textes insipides, qui se trouvaient à la fin de cette méthode, on abordait ce fameux livre dont le titre m'est resté en mémoire, *Les babouches d'Abou Kassem*. Ce livre m'est tellement resté en mémoire que, lorsque Bernard Pivot a écrit à pas mal de personnes pour leur demander : « Quel est le livre qui a le plus marqué votre enfance? », immédiatement, dans un éclair, ce furent pour moi ces mots qui me sont tout de suite revenus : *Les babouches d'Abou Kassem*, c'est-à-dire le livre grâce auquel j'avais appris à lire, qui m'avait incitée à cette persévérance, à cet effort, et aussi grâce auquel j'ai éprouvé l'une des plus grandes déceptions de ma vie –, celle de savoir lire et de m'apercevoir que les livres n'étaient pas du tout ce qu'ils promettaient par leurs images!

Je me demande, si j'avais été enfant à cette époque de l'audiovisuel que nous vivons actuellement, si j'aurais eu le courage et la persévérance d'apprendre à lire, même avec une maîtresse aussi crédible qu'était celle qui m'a enseigné la lecture...

J'ai vainement essayé de désapprendre à lire et, quand j'ai compris que c'était impossible, alors j'ai fait confiance à quelques autres livres et, peu à peu, surtout les livres sans images se sont mis à me donner, dans ma propre imagination, des images merveilleuses, et la lecture est devenue mon passe-temps favori, autant qu'il était possible dans une famille nombreuse : c'est-à-dire, cette passion de me lever de bonne heure, tous les matins, pour lire avant le réveil de la maisonnée.

J'ai été particulièrement questionnée par ce que Mme B. nous a raconté, à propos du garçon dont elle nous a parlé, qui est devenu un mur sans expression quand elle lui a demandé d'écrire à quelqu'un. Cela m'a posé problème parce que, pour moi, lorsque j'ai su lire et que ce fut pour moi une telle déception, c'est l'écriture qui m'a sauvée. Dans la méthode employée par la personne qui m'a enseigné à lire, l'écriture était jumelée à l'enseignement de la lecture et ceci, dès le début, m'a passionnée.

Écrire de façon différente des lettres d'imprimerie, en lettres cursives, les mêmes signes que ceux que je lisais, les majuscules, les minuscules, tout ceci m'avait paru passionnant alors que, au contraire, la lecture, l'apprentissage de la lecture me semblait insipide.

Eh bien, dès que j'ai su lire et que j'ai, comme je vous l'ai dit, été tellement déçue par les livres que j'avais à ma disposition et qui ne me semblaient pas du tout correspondre au titre qu'ils avaient ni aux images (pour ceux qui étaient illustrés), j'ai écrit aux personnes que je connaissais et, en particulier, à mon adorable arrière-grand-mère maternelle, qui répondait immédiatement. J'attendais le facteur dès ma lettre mise à la boîte. La joie de recevoir une lettre à déchiffrer, avec l'écriture différente de chaque personne qui m'écrivait, cela, c'était une joie sans mélange, celle de communiquer au loin avec quelqu'un que je ne pouvais pas voir.

Il me semble que c'est un des attraits de la lecture que de savoir écrire et lire des messages venus de personnes qui vivent dans un autre espace, éventuellement même dans un autre temps. Cela fait partie, chez l'enfant, de la magie des relations créatrices entre les humains.

C'est pourquoi le fait que cet enfant ait été presque stressé par l'idée que vous lui donniez d'écrire à quelqu'un m'a vraiment questionnée.

A quoi sert de savoir lire et de savoir écrire, si ce n'est pour communiquer à distance?

Je me suis répondu à cette question concernant l'enfant dont vous me parliez que, sans doute, la personne à laquelle il pensait et avec laquelle il aurait voulu communiquer ne savait pas lire ou ne savait pas lire le français; peut-être était-il d'une autre langue; sa famille, enfin la personne aimée, était-elle d'une autre langue que la langue française?

Tout apprentissage répond à un désir de la part de celui qui veut acquérir une connaissance, et la psychanalyse nous a enseigné que ce désir peut se manifester par des *pulsions actives,* mais aussi par des *pulsions passives.* Les pulsions passives se manifestent par une attitude de réceptivité d'apparence passive, mais d'une intense activité intellectuelle, invisible chez la personne qui en est le siège.

Malheureusement, notre style d'école met tout en jeu pour provoquer chez l'enfant, susciter chez lui, des *pulsions actives,* et beaucoup d'enfants ne peuvent pas, ou pas encore, répondre par ce mode de libido, que l'on veut leur voir exprimer, et paraissent ainsi des enfants retardés.

C'était le cas d'Albert Einstein, dont les maîtres se demandaient pourquoi il venait à l'école; à leurs yeux, il n'avait aucune raison d'y être. Il n'y « faisait » rien. Et pourtant, cet enfant ne gênait personne, était heureux d'aller à l'école, d'y sucer son pouce et, apparemment, de rêver. Comme on ne pouvait pas refuser un enfant qui ne gênait pas et dont les parents travaillaient, il a subi de rester à l'école, et ses maîtres ont subi sa présence.

Heureusement, d'ailleurs, car tout ce qu'il y acquérait en écoutant de ses oreilles, c'était le droit de méditer et surtout le droit à l'abstraction de sa pensée, déjà en jeu dans cette extraordinaire intelligence qui était la sienne, et qui paraissait nulle au milieu de ses petits camarades, qui s'exprimaient et qui exprimaient leurs motivations, en obéissant aux désirs des maîtres, en réussissant dans leur apprentissage à lire, à écrire, à compter, etc.

Chez Pascal, autre exemple d'échec scolaire, les pulsions actives étaient fort désordonnées, et la motricité neurologique de son habitus, de son corps, faisait qu'à l'école on ne l'avait pas toléré et que son père lui-même ne le tolérait pas, par la force des choses, devenu son précepteur individualisé, si je peux dire.

Mais l'enfant Blaise, pour des raisons qui n'ont pas été élucidées par la psychanalyse, était, en apparence, ce qu'on appelle un grand instable. N'empêche que son intelligence, à la fois passive, dans son désir de tout observer et de tout percevoir, et active, abstraite, dans la pulsion de classer ce qu'il entendait et de mesurer les différences de ses perceptions, était aussi, si on avait su le voir, le signe d'un très grand don scientifique, que ni le père de Blaise Pascal ni ses maîtres n'étaient capables d'apprécier.

Les raisons, les motivations d'un être humain-enfant sont, jusqu'à la fin de la résolution œdipienne, surtout des raisons émotionnelles et affectives. Après la résolution œdipienne, beaucoup de motivations sont logiques, raisonnables. C'est nécessaire d'apprendre telle ou telle discipline, pour l'avenir, et l'enfant est orienté vers son avenir puisqu'il est d'accord, du fait de l'acceptation de l'interdit de l'inceste, que ses amours ne doivent pas rester à se confiner dans le cercle familial, et que la vie l'oblige à acquérir des moyens de sortir de sa famille et de gagner sa vie ailleurs. Les connaissances que dispense l'école, les examens et concours auxquels elle prépare font partie de ces moyens.

Je suis désolée quand je vois les trésors d'astuce pédagogique que déploient les professeurs quand un enfant n'est pas motivé, consciemment ou inconsciemment. C'est bien dommage, lorsqu'un enfant, quelles que soient les raisons, n'est pas motivé consciemment pour apprendre à lire, à écrire ou à compter, que l'école se croie obligée de lui imposer ce qui n'a pas d'attrait pour lui. On sait combien d'adultes analphabètes (et qui n'en ont pas honte) sont très souvent beaucoup plus intelligents et ont une mémoire supérieure à ceux qui ont appris à l'école et qui sont de même niveau social et professionnel (dit manuel) qu'eux.

Mais, chez l'enfant, tant de choses sont à savoir, à connaître, avant d'apprendre à lire et à écrire, qu'on se demande pourquoi l'école s'est organisée autour de la précocité de cet enseignement, pour des enfants qui ne savent encore ni qui ils sont, ni pourquoi ils sont en vie, au service de qui, et quelles sont les lois à la fois du corps, de son entretien, de son bon fonctionnement et les lois du comportement autonome, urbain et social, qu'ils n'ont absolument pas acquis.

Et on les oblige à s'intéresser à lire sur des livres et à écrire sur du papier... Beaucoup d'entre eux sont, des activités inaugurées à l'école, dégoûtés pour la vie. Nous nous apercevons actuellement à quel point peu de ceux qui sont instruits à l'école à lire et à écrire sont intéressés plus tard pour l'utilisation de la lecture pour leur propre plaisir. Et que dire de l'écriture!

Au contraire, si on attendait que les enfants fussent consciemment motivés, cet apprentissage se ferait au maximum en deux ou trois mois, au lieu de les faire traîner deux ans sur ce problème qui, pour eux, est lassant.

D'ailleurs, enseigner à lire et à écrire ne peut pas se faire avec vingt-cinq ou trente enfants à la fois. C'est un travail qui se fait beaucoup plus agréablement, et cela compte, non pas d'une façon strictement individuelle, mais par petits groupes de niveau homogène quant à l'étendue de leur vocabulaire.

La lecture à haute voix, par le maître ou par l'adulte enseignant, d'une histoire qui les intéresse, les stimule à la relire et à la continuer, et on peut aussi stimuler un petit groupe au désir de communiquer par écrit avec un autre groupe.

Mais à quoi sert de stimuler, avant qu'ils en aient le désir conscient, des enfants à apprendre quelque chose dont ils n'ont pas besoin et dont ceux qui leur servent de modèles en famille ne leur montrent pas qu'écrire et recevoir des lettres, ainsi que la lecture, leur apporte un plaisir enviable.

Il arrive cependant que des enfants soient consciemment désireux d'étudier, d'écrire, de lire et de compter, mais qu'ils n'y arrivent pas. C'est ceux-là qui intéressent les psychanalystes, car il y a toujours une raison valable, importante, inconsciente et – j'allais dire sacrée –, pour leur équilibre, pour laquelle ces enfants ne peuvent pas réaliser leur désir.

Je ne peux pas vous raconter ici tous les cas particuliers, mais j'ai vu des centaines, pour ne pas dire des milliers d'enfants, au cours de ma carrière, qui étaient envoyés en consultation pour des troubles de la scolarité. Ceux qui étaient motivés consciemment et qui n'y arrivaient pas, c'était très facile de les sortir de ces barrages, par la méthode psychanalytique.

Vous savez qu'elle consiste pour le psychanalyste à écouter les associations libres de l'enfant, à propos de ses dessins, de ses fantasmes et de ses rêves de sommeil, et à lui faire chercher des analogies entre ses imaginations et ses désirs ou des souvenirs de sa vie passée. C'est principalement l'enfant – assisté de son psychanalyste –, qui assume ainsi sa propre cure.

Je vous citerai quelques cas.

Mais d'abord le mot « lire » est un mot qui, pour certains enfants, éveille quelque chose de totalement tabou : c'est le lit conjugal des parents. Au moment où l'enfant est en train d'élaborer son interdit de l'inceste, le verbe du « lit » que leur paraît être le mot « lire » rend ce mot banni, et les activités qui entourent le fait de lire sont quelque chose qui le met dans un très grand trouble. Bien sûr, les maîtresses d'école ne le savent pas et cela doit rester inconscient. C'est le rôle du psychanalyste de découvrir cela avec l'enfant, à l'occasion de dessins où, par exemple, il représente la maison et où il n'y met jamais de chambre à coucher, mais uniquement les autres pièces – la cuisine, la salle à manger mais jamais de lits.

Au contraire, d'autres n'y mettent que des lits et surtout pas de consommation en groupe, alors qu'à l'école il leur faut consommer en groupe et avaler en groupe, de façon digestive, les connaissances qu'on leur donne.

« Apprendre » est une métaphore d'assimilation. C'est à tel point une métaphore de l'assimilation pour des enfants qui n'ont pas dépassé le complexe d'Œdipe, c'est-à-dire sept, huit ans, que des enfants qui ont présenté de l'anorexie étant bébés présentent aussi de l'anorexie scolaire. Des enfants qui ont été des bébés vomisseurs prolongés sont des élèves qui, lorsqu'ils récitent parfaitement leur leçon en ont alors tout oublié. Pour « profiter » d'une leçon, ce qui se prouvera par la réussite, quelques jours après, d'un exercice d'application, il faut surtout qu'ils ne récitent pas leur leçon, etc.

De même, pour le *faire* qui est de l'ordre des pulsions anales actives. Beaucoup d'enfants ne peuvent admettre de *faire* activement; ils veulent bien subir passivement un faire, s'ils ne le font pas exprès, si on les y oblige en les surveillant, mais ils ne peuvent pas du tout agir exprès, de leur plein gré, dans le sens qui est demandé par la maîtresse. Là, il y a un barrage. Et plus l'adulte veut lutter contre ce barrage, plus ce barrage rend l'enfant passif, alors qu'il « paraît réussir ».

Ce sont ces cas qui, envoyés en consultation pédagogique et tombant sur un psychologue spécialisé et formé à la psychanalyse, « guérissent » rapidement, comme dit la famille, parce que ce que l'enfant avait à dire de ces barrages a pu s'exprimer et a pu lui être explicité : ce qu'il reconnaît avoir été des barrages à satisfaire, non seulement au désir de ses maîtres, mais aussi à son propre désir qui était barré par des motivations inconscientes plus importantes que les motivations conscientes de cet enfant.

Chaque cas est un cas particulier, mais il faut retenir que cet empêchement à se satisfaire dans son désir d'apprendre est toujours intelligent.

Voici un exemple. Je me rappelle un enfant

qui était très intelligent dans la classe de maternelle, puis dans les classes préparatoires et élémentaires. Tout d'un coup, vers la fin de l'année scolaire, cet enfant qui commençait à bien lire et écrire, dit-on, est devenu profondément perturbé et surtout dyslexique, c'est-à-dire que – je pus l'observer à Trousseau puisqu'il aimait écrire sur ses dessins et qu'il dessinait volontiers – il intervertissait la première et la deuxième lettre, ainsi que l'avant-dernière et la dernière lettre des mots qu'il écrivait. Par exemple, il écrivait *rabre* au lieu d'*arbre*, il écrivait *maisno* au lieu de *maison*.

Vous savez que les consultations psychanalytiques consistent à laisser un enfant s'exprimer librement, de la façon qu'il désire, en paroles, en dessins, en modelages, et qu'on l'écoute, on écoute ce qu'il a à dire de ces dessins.

La motivation de cet enfant de bien réussir en classe était claire et, comme il me le disait : « Avant, je pouvais et, maintenant, je ne peux plus ».

Avant. Avant quoi? Il ne savait pas. Un « avant » était comme ça, dans l'absolu.

Je ne vais pas donner les détails de tout ce qui s'est passé, mais c'est autour d'un seul dessin [1] à propos duquel cet enfant a parlé que nous avons, lui et moi ensemble, compris son problème. A partir de cette élucidation, sa dyslexie a complètement disparu, mais sa vision du monde

1. Cf. aussi : *Le dessin de la maison...*, p. 153

aussi a changé, comme vous le verrez. Il a fallu une séance, mais préparée par trois ou quatre précédentes, dans lesquelles l'enfant avait pris confiance en moi et dans la méthode de travail que nous observions ensemble.

Ce dessin, c'était « un beau paysage avec un cygne qui volait dans le ciel de ce paysage ». Ce n'était pas une oie – ce que j'avais cru, et je pensais, par dessus tout peut-être, à « l'oie de Nils Holgersson », de Selma Lagerlöf [1] –, peut-être « l'oie » symbolique, métaphore de « loi », du code de l'écriture, le code d'une des lois de représentation des sons dans l'espace...

Mais pas du tout. L'enfant soutenait que c'était bien « un cygne qui volait ». « En effet, c'est rare. On ne voit pas souvent les cygnes voler chez nous », disait-il.

Ce cygne volait vers la gauche du dessin. « Ça aurait été mieux, disait l'enfant, s'il avait volé dans l'autre sens. – Ah bon ? – De même, ajoutait-il en contemplant son dessin, ç'aurait été mieux si la mare avait été à gauche au lieu d'être à droite de la maison. – Ah bon ? – De même, critiquait-il lui-même ce qu'il avait dessiné : ç'aurait été mieux si cet arbre-là, je l'avais mis à gauche et puis que l'autre, il ait été mis à droite. » Et je pensais tout haut avec lui : « Ce cygne dans le ciel, ne signifie-t-il pas que ç'aurait été mieux

1. « Le merveilleux voyage de Nils Holgersson » que cet enfant connaissait peut-être ?

que quelque chose eût été à la place d'une autre dans ta vie? Est-ce qu'il n'y a pas quelque chose qui s'est passé dans ta vie, dans ta famille, où tu as pensé que quelqu'un aurait dû prendre la place d'un autre ou devrait être à la place d'un autre? »

Je savais, par ses parents, qu'il avait un aîné de trois ans qu'il aimait beaucoup, un mongolien. Cet aîné mongolien, tout le monde en famille l'aimait et il avait été à l'école avec lui jusqu'à l'âge de treize ans. Cette fois-ci, l'enfant était admis à la classe supérieure, mais son frère mongolien devait redoubler. C'est ce dessin-là qui me fit penser à cette situation scolaire nouvelle, qui avait été sans doute signifiée aux parents, et entendue par l'enfant. L'année prochaine, il serait à l'école séparé de son grand frère qui redoublerait la classe où lui ne resterait pas.

N'était-ce pas à partir du moment où il avait eu vent de ce que son frère aîné ne resterait pas même à son niveau, mais serait rétrogradé par rapport à lui, qu'il avait inversé l'ordre des lettres du début des mots et de la fin des mots? Eh bien, oui, c'était ça. La résolution des symptômes qui a suivi la séance l'a montré. Il aurait voulu redevenir petit, pour que son grand frère restât son aîné à l'école.

C'est l'explication que son grand frère serait toujours son aîné en âge, car il avait été dans le ventre de sa mère trois ans avant lui et que cela, rien ne le changerait, même si son frère ne suivait pas l'école; c'est ce travail autour de la place de second en famille, qui prenait apparemment la place du plus développé, c'est-à-dire d'un aîné dans la société; c'est cela qui ouvrit à l'enfant la possibilité d'écrire les lettres dans leur ordre normal pour une écriture lisible.

La *place dans la fratrie,* c'est une des composantes de l'Œdipe (qui, essentiellement, concerne la place à prendre de l'adulte parental du même sexe que l'enfant). Cet enfant n'avait pas encore résolu le complexe d'Œdipe; il était en plein dans ce travail. On voit souvent dans les familles, lorsqu'un des enfants, le deuxième ou le troisième, est plus doué qu'un aîné, des troubles scolaires se déclarer chez l'un ou chez l'autre.

C'est uniquement parce que les motivations intellectuelles de l'apprentissage sont, chez les enfants, grevées de motivations affectives, et les motivations affectives sont nécessairement intriquées à la loi de l'impossible (confondu avec l'interdit) pour le petit de prendre la place de l'adulte.

Je pense que toute valeur reconnue en famille est, pour les enfants, surtout avant six ou sept ans, reconnue comme une valeur symboliquement phallique. Aussi que, cette valeur étant représentée par un des enfants, au lieu de l'être par les deux conjoints, parents et responsables de la famille, cela dérange beaucoup la structure en cours d'évolution des enfants d'une famille.

Très souvent, on prend ces réactions pour des réactions d'envie et de jalousie entre enfants. Parfois, les dangers d'agression sont réels, et ce sont les raisons pour lesquelles nous avons à voir ces enfants, nous, les psychanalystes. On s'aperçoit alors que ce que l'enfant, dit jaloux, défendait, c'était l'éminence de la place préférentielle qu'aurait dû garder ou le père ou la mère, pour l'autre conjoint, et que ce frère ou cette sœur semblait avoir prise dans le cœur, soit des deux parents, soit du parent du sexe complémentaire de cet enfant.

Jamais à l'école on ne devrait jouer à stimuler la motivation du travail des enfants par l'imitation d'autrui ni par la rivalité. Celle-ci existe fatalement, car les petits d'homme ont des propensions simiesques. Cela ne doit jamais être utilisé par les adultes.

L'être humain n'est pas un objet à conformer au désir d'autrui. Il est un sujet à informer de la valeur de son être au monde et de son rôle irremplaçable d'esprit pensant, selon ses expériences et ses jugements propres, toujours différents des autres (même entre jumeaux). Ceci a été plus ou moins compris en mai 68.

La rivalité peut, en effet, sans danger structurel, jouer son rôle à partir de neuf, dix ans, mais, avant, on ne sait pas ce qu'on fait et on peut déranger une structure en cours d'évolution vers la résolution œdipienne d'un enfant.

Au lieu de la rivalité vis-à-vis d'autrui, c'est la valorisation de l'identité de chaque enfant, tel qu'il est, confiant en lui-même, aimé tel qu'il est, avec ses caractéristiques passives et actives, c'est cela qu'on devrait soutenir comme valeur dans chaque enfant.

Ce sont les progrès qu'il fait par rapport au désir qu'il a d'acquérir tel ou tel niveau, par rapport à sa curiosité dans une discipline à laquelle il doit être éveillé à s'intéresser, c'est la courbe de ses progrès à lui et sans se comparer aux autres ni à leur rythme à eux.

On peut faire comprendre cela à chaque enfant, comme étant ce qu'il y a de plus important pour lui, beaucoup plus que la rivalité avec un autre et le classement et les notes, chaque être humain étant différent et cette différence étant enracinée dans son origine familiale, ethnique et dans sa nature physiologique.

Tout ce qu'il y a de *passif* dans l'attitude d'un enfant à l'école doit aussi être, par l'adulte, mis en valeur, parce que la plupart des enfants jugent les autres sur ce qu'ils montrent, sur ce qu'ils paraissent.

Ce n'est pas ça qui est l'important chez un être humain, c'est ce qui le fait vibrer, ce qui l'intéresse, ce qui l'émeut, c'est ce qui ne se voit pas, mais qui le fait vivre et qui donne sens à sa vie. C'est cela qui doit leur être dit à tous comme le plus important dans leur personnalité.

Aussi les progrès apparents ne sont pas ce qui doit être jugé, mais l'intérêt qu'un enfant porte à la classe et l'intérêt qu'il porte à lui-même, ses progrès par rapport à ses propres visées.

On verra alors, vers huit, neuf ou dix ans, *la compétition* entrer comme une des valeurs éthiques dans la personnalité de chaque enfant. Elle aura valeur, si cette compétition n'a pas pour but de briller pour soi-même mais de faire briller le groupe dont il fait partie : faire réussir l'équipe de sa classe ou de son club, par rapport à une autre classe, ou un autre club par exemple.

Cela veut dire que la compétition et la rivalité sont désérotisées, au sens œdipien du terme, et elles sont, selon le mot des psychanalystes, sublimées dans le social, au service du social, tout en apportant à chacun un plaisir narcissique, lorsqu'il réussit pour lui et en défendant les intérêts du groupe, vers un but qui est valorisé à la fois par lui et par les autres – même si le but qu'il brigue n'est pas valorisé par les siens, en famille.

Et ça aussi, c'est très important à soutenir par les maîtres d'école, car beaucoup d'enfants sont doués pour des disciplines qui n'intéressent pas leurs parents, et ces enfants ont de la peine à faire admettre à leurs parents l'intérêt qu'ils portent à cette discipline à l'école.

Cette disparité d'intérêts entre l'enfant post-œdipien et la famille dont il est issu est la richesse de notre société; c'est la signature d'un Œdipe résolu, justement.

Il circule beaucoup de choses tout à fait fausses là-dessus comme, par exemple, la croyance habituelle que l'enfant, au-delà de huit, neuf ans, veut faire le même métier que son père : « Ah! c'est très bon signe! C'est de l'identification au père. »

Non. C'est peut-être signe que cet enfant se structure dans la direction qui est celle de sa génétique – c'est possible –, mais c'est peut-être, au contraire, un enfant qui triche avec l'Œdipe et qui continue d'espérer qu'en rivalisant et en faisant plaisir de façon homosexuelle à son père et de façon hétérosexuelle à sa mère, en triomphant et en devenant plus valeureux que le père, il arrivera à son but incestueux.

Un tel enfant stagne, il reste ainsi dans la situation pré-œdipienne. Il s'engage dans l'âge social avec des caractéristiques émotionnelles puériles, qui sont tissées à des sentiments de culpabilité névrotique.

Laissez-moi vous raconter maintenant l'histoire d'une dyslexie collective et comment on put, avec l'aide de l'institutrice, bien sûr, et de la psychanalyse, comprendre ce qui se passait.

Il s'agissait d'une jeune institutrice qui, avant la guerre de 39, avait déjà dix ans d'expérience dans la même école; elle avait comme rôle d'enseigner à lire et à écrire aux enfants. Peut-être ne savez-vous pas – et je vais vous l'apprendre – que, d'octobre 39 à octobre 40, il n'y a plus eu une seule école primaire dans la ville de Paris et dans les 100 kilomètres autour de la région parisienne. Peut-être était-ce la même chose dans toutes les grandes villes de France – je ne sais. On craignait les gaz asphyxiants et l'expérience tentée de faire porter des masques à tous les enfants s'était soldée par un échec magistral.

En quelques jours, les autorités de la ville de Paris ont pris la décision de faire partir tous les enfants des écoles, avec leur institutrice, dans des villages éloignés de 50 à 100 kilomètres de la ville de Paris. Ça a été un traumatisme considérable de toute la population enfantine et de beaucoup de parents. Les enfants qui ont échappé à cet exode en pleine tranquillité, car nous étions dans ce qu'on appelle la drôle de guerre, où il ne se passait rien que l'angoisse d'un déclenchement d'hostilités qui ne se faisait pas, – ce sont ceux dont les parents avaient de la famille ailleurs et qui, à la fin des vacances de 1939, n'ont pas ramené les enfants dans les grandes villes, les confiant soit à de la famille à la campagne soit à des amis ou voisins, près de qui ils étaient au moment de la déclaration de guerre du début septembre. Mais tous les autres enfants ont été donc distribués autour de Paris.

Et moi, qui avais passé ma thèse en 1939, je faisais partie des femmes médecins réquisitionnées pour visiter ces enfants avec voitures-radios, voitures-laboratoires, et surveiller leur état sanitaire. Inutile de vous dire que c'était assez lamentable. Les jeunes filles, les jeunes institutrices qui accompagnaient ces enfants, réquisitionnaient des salles de mairies dans lesquelles on couchait sur des châlits rapidement construits par le menuisier du coin. Tous ces enfants étaient traumatisés : pas assez de couvertures, nourriture insuffisante et surtout mal équilibrée. C'était vraiment terrible ce que nous avons pu voir. Et alors, pour ce qui vous intéresse aujourd'hui, le rôle de ce qui se passe au point de vue affectif et psychosocial dans l'intelligence des enfants était tout à fait patent.

Les instituteurs âgés, les autres étant sous les drapeaux, et les institutrices, qui avaient des enfants qu'ils connaissaient bien et qui étaient de très bons élèves à Paris l'année précédente, étaient stupéfaits de voir que les petits avaient perdu des acquisitions de lecture, d'écriture, de calcul et ils disaient : « Comment rattraperons-nous ça plus tard » ?

Ils ne comprenaient pas que ces enfants

étaient intéressés par tout ce qu'ils voyaient autour d'eux quand les instituteurs les amenaient chez des fermiers. Ils voulaient prendre connaissance de tout ce qui se faisait dans le village où ils étaient réfugiés et, au contraire, chaque fois qu'il était question de s'asseoir en classe, il n'y avait plus personne d'attentif ni de motivé.

Donc, je reviens à l'histoire de cette institutrice, qui avait été un an travailler dans une école loin de Paris et qui revenait dans cette école privée qui l'employait depuis dix ans. Après l'arrivée des Allemands, l'Occupation s'est organisée, et la plupart des enfants de Paris sont revenus avec leurs parents. Elle n'avait jamais eu d'échec en lecture et en écriture; elle ne savait même pas ce qu'était la dyslexie. C'est moi qui lui ai parlé de ce mot, quand elle m'a montré les exemples d'écriture de ses élèves et qu'elle m'a dit la façon impossible qu'ils avaient d'assembler les lettres pour les lire n'importe comment. C'était la première fois que ce problème se posait à elle, mais c'était aussi la première fois qu'il y avait dans sa classe des enfants qui avaient vécu de telles expériences.

Les troubles de la lecture étaient autant des interversions de lettres que des mises de lettres à l'envers : les *f* tournés vers la gauche, les *d* vers la gauche au lieu de vers la droite, etc.; les boucles des lettres inversées et le haut inversé par rapport au bas. Il s'agissait de troubles de la représentation des lettres dans l'espace, aussi bien dans l'écriture que dans la lecture.

Il s'agissait d'enfants du même groupe psychosocial qu'avant et il s'agissait d'enfants de même âge. Mais ils n'étaient plus les mêmes, car ils avaient eu presque tous des expériences traumatiques et leurs parents eux-mêmes étaient en situation de stress du fait de la guerre.

J'ai donc pensé qu'il y avait une difficulté de la représentation d'un agir, un signe agi dans l'espace, par leur maîtresse, et qu'ils n'arrivaient pas à dégager cet objet visuel de la personne, qu'il y avait quelque chose à comprendre dans leur façon de se représenter dans l'espace la personne et l'objet qu'elle dessinait.

Sans essayer de théoriser – d'autant plus que cette institutrice n'était pas particulièrement ouverte à la psychologie analytique et sa directrice encore moins – je lui ai dit : « Nous allons tâcher de voir comment vous vous y prenez et peut-être qu'il y a quelque chose à changer dans votre méthode. – Bon. Pourquoi pas? » Eh bien, comment s'y prenait-elle?

Elle écrivait au tableau, tous les jours, les lettres que les enfants avaient à écrire. Donc, elle leur tournait le dos en écrivant cette lettre au tableau, puis elle se retournait et elle leur disait de faire, d'écrire sur leur cahier, la lettre qu'elle avait dessinée au tableau. Le résultat était ce à quoi elle assistait. Elle avait pourtant toujours fait cela.

Les enfants avaient sur leur table un modèle, mais ils n'arrivaient pas à imiter le geste qu'elle faisait pour l'écrire. Je lui dis ceci : « Vous allez préparer, pour chaque table, un carton avec le modèle de la ou des lettres à enseigner ce jour-là. Au tableau, vous l'aurez écrite d'avance en grand format et, au lieu d'être sur votre petite estrade – car c'était ainsi qu'était disposée sa classe : une estrade et des tables à deux alignées en rectangle devant cette table – au lieu d'être à votre table quand les enfants entreront, vous serez dans le fond de la classe. Puis, tout le monde installé, vous passerez derrière le dos de chacun et, leur main dans votre main, vous leur ferez écrire deux ou trois fois la lettre du jour qu'ils auront sous les yeux sur leur propre table, votre main dirigeant la leur, en leur disant bien avec des mots la façon dont vous vous y prenez. La dernière lettre, vous la leur ferez faire, votre main touchant à peine la leur, au-dessus de la leur et guidant leur mouvement dans le sens où la lettre doit être écrite. Puis vous passerez à l'enfant suivant. Ainsi, vous remonterez de l'arrière de la classe en avant et, une fois arrivée à votre estrade, vous direz aux enfants : « Regardez comment je fais, moi, la même lettre au tableau que chacun de vous a écrite, aidé avec ma main. » Vous devez plusieurs fois dessiner, écrire en très grand format au tableau, et lentement, les lettres que vous aurez montrées à chacun. Vous leur direz, toujours en leur tournant le dos : « Faites comme moi. » Et surtout, après cela – et vous verrez tous les enfants rire – au lieu de vous retourner, vous vous baisserez, vous descendrez de votre estrade, vous déposerez votre craie et vous vous assiérez sur le devant, en bas de votre estrade. Il ne faut pas vous retourner, face à votre classe avec à la main votre craie qui a écrit au tableau. »

J'avais comme hypothèse que la lettre écrite, pour certains enfants, restait imaginairement accrochée à la craie et à la main qui se retournaient avec la maîtresse si, elle, elle se retournait. Donc, les enfants continuaient le geste de la maîtresse à l'envers. La main droite de la maîtresse vue de dos était à droite pour les enfants, mais quand elle leur faisait face, cette main droite était à leur gauche.

Cette hypothèse m'était venue de façon psychanalytique, à l'idée que ces enfants qui avaient été séparés des parents ne supportaient plus le fait d'être séparés d'eux sans angoisse et qu'ils pouvaient s'identifier à un objet sensé, une lettre, mais certains s'identifiant à la dépendance, plus importante affectivement qu'à l'objet (le tracé) séparé de la personne qui l'avait produit.

L'important, c'était que les enfants voient le sens de l'écriture et comment on écrit une lettre parce que, lorsque les enfants écrivent en prenant la lettre par n'importe quel bout, c'est difficile ensuite dans l'écriture rapide.

Cette maîtresse a fait comme nous l'avions dit et elle a recommencé tous les jours le même système. Au bout de quinze jours, il n'y avait plus qu'une enfant dans sa classe qui avait encore des hésitations et, avec celle-ci, il a suffi d'insister, de lui montrer comment, la main dans la main, dessiner, écrire ses lettres, pour que ce symptôme disparaisse aussi.

Mon hypothèse m'a semblé juste. L'était-elle? En tout cas, le résultat a été excellent. Cette maîtresse a donné ce truc à une autre de ses camarades qui, en effet, à partir de 1940, a eu aussi des difficultés dans l'enseignement de l'écriture et de la lecture, et ça a marché aussi. Je pense que nous étions là devant ce fait que l'écriture et la lecture devraient être enseignées à chaque enfant individuellement, pour commencer; ensuite, une fois le savoir du sens à mettre dans l'exécution du tracé de la lettre, pour l'enfant, ça va tout seul.

A la suite de cette expérience, qui a servi à d'autres, j'ai réfléchi et je me suis dit : comment, dans les écoles, pourrait-on faire? D'abord, c'est une relation personnelle entre l'enfant et la personne enseignante, mais cela ne peut pas être une relation duelle, comme un enfant qui apprend avec une seule personne. Ils sont une vingtaine. Alors, comment faire?

Il me semble que la classe par petites tables rondes serait la meilleure solution du problème. Au maximum cinq enfants à la fois et au maximum un quart d'heure de suite d'attention, pour l'enseignement de l'écriture et de la lecture, pour chaque groupe d'enfants. Bien sûr, cela implique que, pendant le temps où la maîtresse s'occupe d'un groupe homogène, les autres enfants de la classe soient occupés par quelqu'un d'autre. C'est pour cela que je préconise le fait qu'une institutrice soit chargée de l'enseignement, mais que l'éducateur dans une classe – ou le psychologue aidant l'institutrice – occupe les enfants à des choses qui les intéressent.

La table ronde permettrait à la maîtresse de passer derrière le dos de chacun, guidant la main au sens du graphisme des lettres, pour que l'enfant acquière la technique de l'écriture, qui facilite ensuite l'écriture rapide. Les enfants sont en effet dégoûtés quand ils ne peuvent pas écrire vite. Ça les fatigue, les épuise, ils sont crispés. L'écriture rapide est, au contraire, tout à fait souple, et cette souplesse de la main et du poignet, c'est parce que la maîtresse enseigne la main dans la main de l'enfant qu'il peut l'acquérir.

La technique, la technologie de l'écriture dans la relaxation, c'est impossible de l'enseigner à vingt enfants à la fois et à distance d'eux.

Il y a encore autre chose à savoir, et qui

concerne les gauchers. Les gauchers qu'on n'a pas repérés pour l'écriture autant que pour la lecture – car il y a des gauchers de l'œil et des gauchers de l'oreille – enfin, pour l'écriture, c'est important si on est droitier ou gaucher de la main, surtout si la formule de latéralité est croisée, œil directeur droit – main directrice gauche.

Les enfants jeunes, même avec une très bonne vue, écrivent comme s'ils étaient myopes, leur nez sur le papier. Un enfant jeune ne peut pas s'absorber dans un agir, si ce qu'il fait avec ses mains n'est pas tout près de son visage. A huit ans, c'est tout à fait terminé : l'enfant travaille à distance, selon sa vue habituelle.

Aussi, chez un enfant jeune, l'appprentissage de l'écriture, s'il est droitier de la main et gaucher de l'œil ou s'il est gaucher de la main et droitier de l'œil, l'oblige à une position de torticolis, si bien qu'il se désintéresse de cet exercice, qui déjà n'a pas d'intérêt s'il n'est pas motivé par le désir de lire et d'écrire pour communiquer avec d'autres.

A tous les enfants gauchers de l'œil, et aussi de la main on devrait enseigner à écrire de la main gauche. Au contraire, s'ils sont droitiers de l'œil, il vaut mieux leur faire comprendre que l'écriture avec la main droite, même si leur main gauche est plus habile pour toutes les autres activités, est plus intéressante pour eux. Mais, à dix ans, un enfant qui a appris à écrire, quelle que soit la main avec laquelle il écrit, pourra facilement écrire des deux mains ou de l'une de ses mains, celle qu'il voudra, le jour où il l'aura décidé.

C'est une des choses auxquelles on assiste lorsqu'un enfant est blessé à une main. Autour de neuf, dix ans, ça ne le gêne pas du tout. Si cette gêne doit durer pendant quelques semaines, l'enfant se met à écrire avec l'autre main, très facilement. Mais, avant dix ans, c'est très difficile pour un enfant.

Tout ce que je viens de vous raconter est en rapport avec la *logique anale,* c'est-à-dire la logique du faire, de l'exprimer, de l'expérimenter dans l'agir. La *logique orale* est celle du voir, de l' entendre et de l'assimiler. Se développe après huit, neuf ans la *logique dite génitale* de la responsabilité de soi et devant la loi pour tous. Elle aussi, elle a son rôle dans les acquisitions scolaires.

La logique en développement chez l'enfant, qui est celle du faire, bute sur la loi de l'interdit de l'inceste, qui s'accompagne du trouble concernant ce qui se passe au lit des parents.

Je vous l'ai signalée dans le fait du trouble que crée, chez certains enfants, le mot « lire », de même que le mot « écrire » qui, pour certains d'entre eux, signifie les cris qu'ils entendent entre les parents.

Les mots de « lire » et « écrire », pour certains enfants, sont des signifiants inconscients de l'union sexuelle dont on ne leur a pas clairement parlé et qui, à cause de cela, les empêche de dépasser le trouble que ces mots induisent dans leur vie imaginaire. Leur curiosité, quelle qu'elle soit, leur semble coupable. Le nombre d'enfants qui sont passés à la consultation de Trousseau pour ces troubles de l'apprentissage m'a montré que j'avais raison, puisque d'expliciter le sens de ce mot de « lire » et de ce mot d' « écrire », par rapport aux incidents dans le couple des parents et à la vie génitale des parents levait le voile. Comme disaient les parents : « Un rideau s'est tiré sur la lecture, sur l'écriture ou sur le calcul ».

Le calcul étant tout ce qui se passe autour des nombres et des « opérations ». La multiplication : comment un et un, dans la vie, quelquefois ça fait trois au lieu que un et un ça fasse deux quand c'est des choses. Comment un tout seul (avec une maman toute seule) on soit (on est, on naît) tout d'un coup trois, parce que maman a un bébé sans qu'il y ait un « papa ».

Ce sont ces choses-là qui ressortaient après quelques consultations, dites psychologiques, à l'hôpital, et qui en réalité étaient psychanalytiques, c'est-à-dire laissant le sens de l'inconscient libidinal s'exprimer chez l'enfant pour qu'il puisse comprendre le sens du barrage qui lui faisait problème et le dépasser, après avoir compris ce qui culpabilisait son intelligence.

L'importance de ce barrage étant dans tous les cas chaque fois différente, mais toujours signifiante une nécessité de la distance à garder par rapport à la situation œdipienne, pour conserver l'amour pour ses parents, en renonçant au désir sexuel pour eux et pour ceux de la fratrie.

Continuer d'être leur enfant au foyer, bien que ce que l'on vous enseigne à l'école vous éloigne totalement des préoccupations et des intérêts des parents; ou encore, dépasser les parents par une réussite dans des connaissances qu'ils ne valorisent pas, dans la culture du pays où on se trouve, lorsque l'enfant est de parents immigrés qui n'ont pas fait d'études dans leur pays ou qui sont même analphabètes.

La relation avec le maître ou la maîtresse est des plus importantes, à condition que cette personne soit crédible, en confortant l'enfant dans son attachement à son milieu, à son amour pour ses parents, même si le travail qu'il fait à l'école peut lui paraître coupable par rapport à la rivalité triomphante qu'il conquiert sur ceux-ci, les dépassant en aisance sociale.

Ce respect de la structure œdipienne et le respect chez l'enfant du sentiment de culpabilité qu'il peut éprouver à transgresser l'interdit d'avoir plus de succès vis-à-vis de sa mère, pour un fils, que ne peut en avoir son père. Ou vis-à-vis de son père plus de succès, pour une fille, que ne peut en avoir sa mère. Cette transgression de l'interdit rend souvent l'enfant coupable s'il fait plaisir à ce parent. Pour lui, c'est plus important de ne pas être bon élève que de manquer sa structure psychologique, en satisfaisant le désir frustré par le conjoint de son père ou de sa mère, ce qui ferait de lui quelqu'un d'infantile sexuel prolongé, et peut mener à des anomalies morales ou sexuelles dans la vie civique et sociale, dès l'adolescence.

Cette contradiction entre le développement éthique de l'enfant et ce que l'école primaire propose aux enfants qui ont moins de huit, neuf ans, c'est sur cela que je voulais attirer votre attention, car c'est un des pièges de la réussite scolaire : notamment celui de faire des enfants en difficulté d'adaptation sexuelle et sociale future.

On dit souvent que l'échec scolaire conduit à la délinquance. Cela correspond au fait que le manque de confiance en soi, avant la puberté, peut conduire le jeune qui n'a pas de moyens professionnels à se laisser attirer par des expédients pour gagner de quoi vivre. C'est la délinquance besogneuse. Elle est douloureuse pour celui qui y est acculé. Elle ne nuit pas réellement à la société.

Au contraire, la délinquance la plus fréquente, la plus dangereuse pour une société, la plus coûteuse pour un État, c'est la délinquance due à la réussite scolaire de ceux qui ont manqué la structure morale qui s'acquiert entre six et neuf ans par l'éducation affective et sexuelle [1]. Ébauchée en famille et consolidée en société, cette valeur morale enracinée dans le cœur de chaque enfant, si à l'école, de la part des adultes crédibles, il n'est pas jugé sur sa seule intelligence et sa réussite scolaire, s'il n'est jamais identifié à ses comportements et s'il est soutenu au respect de la famille dont il est issu et à la compassion pour ceux de sa famille en difficulté psychosociale.

La tolérance pour le comportement différent de chacun, la confiance en soi toujours redonnée à chaque élève, la liberté laissée à chacun de s'exprimer en ne valorisant jamais l'imitation ni la rivalité, en enseignant au jour le jour aux enfants les lois du commerce des biens et de la sexualité du pays où ils vivent, tels sont les moyens de prévention de la carence de formation morale, cette carence beaucoup plus dangereuse pour l'avenir d'une société que l'échec scolaire de ses enfants.

1. Cf. aussi, *L'homme quittera son père et sa mère*, p. 71 et *Maternité et paternité humaines*, p. 137.

AUX YEUX DES ENFANTS, ON RATE TOUJOURS!

La première version
de ce texte a été publiée
par le « Nouvel Observateur »

Cela peut vous arriver demain. Quelle que soit votre façon de vivre, votre situation sociale, votre méthode d'éducation. Votre enfant est en bonne santé, il réussit bien à l'école, il joue avec les autres enfants; soudain, il cesse d'apprendre, de jouer, se ferme au monde. En peu de jours, il devient un petit être incohérent, séparé des autres par un mur invisible.

Ce n'est pas un malade au sens physiologique, il n'a subi aucun choc psychique, et à l'examen, le médecin ne décèle aucune anomalie. Ce n'est pas un « handicapé moteur », un de ceux que la naissance traumatique ou une encéphalite précoce a blessés à bas bruit dès les premières semaines, qu'une personne aimée soutient à bout de bras et qui, parce qu'elle l'a lâché, départ ou décès l'enfant encore greffé sur autrui s'effondre. Non.

C'était un garçon ou une fille en parfaite santé physique et mentale, il y a encore quinze jours ou un mois, et ce n'est plus le même. On s'est inquiété, on s'est fâché, on l'a grondé, on a appelé le médecin. L'enfant lui-même semble inconscient ou apeuré de tout. Les rythmes de ses besoins, sommeil, nutrition, sont dérangés. S'il allait à l'école, il ne veut plus y aller, ne parle plus...

Pour des raisons que les parents ne peuvent pas déceler, l'enfant s'est désadapté. On les appelle « aliénés », on les appelle « bloqués », on les appelle « fous ».

Je vois beaucoup d'enfants névrosés, c'est-à-dire des enfants qui ont des difficultés émotionnelles, des difficultés de réussite motrice, de réussite intellectuelle, de réussite scolaire, mais qui ne sont pas fous... D'ailleurs, ce mot, fou, je ne l'aime pas; bien sûr, tout le monde dit ça, mais il faut dire désadapté.

Tout enfant qu'on appelle aliéné, désadapté, handicapé mental, caractériel, présente en réalité un syndrome « d'adaptation » à la société. Son état résulte d'une relation vivante. Il s'est adapté au mieux de ses possibilités au fur et à mesure, ou accidentellement, à son entourage. En somme, son aliénation est le fruit de l'influence de la société sur sa nature et sa manière d'avoir composé avec ses nécessités, celles de la société, ses désirs et les barrages qu'ils ont rencontrés ou au contraire leur exacerbation. C'est cela qui a amené ce résultat acréatif, privatif de créativité, de communication possible, ou de communication déréglée par rapport au code habituel. Bref, s'il en est là, c'est parce qu'il est doué de fonction symbolique. Il faut savoir que c'est une application récente de la psychanalyse de s'occuper de ces cas-là, que c'est encore de l'ordre de la recherche. Jusqu'à présent et depuis Freud, on ne traitait que les névrosés, pas les psychosés, ceux qui ne sont pas maîtres de leur conduite.

L'aliénation chez un enfant se manifeste par le fait qu'il n'est pas adaptable aux activités prévues pour les enfants de son âge. C'est un enfant qu'on ne peut pas mettre à l'école, qui ne peut pas manger en société, qui ne peut pas circuler dans la rue; c'est un enfant qui, apparemment, est tellement sous-développé que, très souvent il lui manque le langage, ou que, s'il en a un, c'est un langage délirant qui ne lui permet pas de communiquer. Si on le laisse dans l'état où il est, cet état ne peut que s'aggraver.

Il ne pourra jamais guérir seul. Alors que l'enfant névrotique, qui a des troubles de caractère, même s'il est retardé scolaire ou déficient mental, peut trouver, lui, d'autres issues que la totale dépendance à l'égard d'autrui. En l'absence de tutelle, il n'est pas en danger physique. Il y en a qui deviennent délinquants, bien sûr, mais beaucoup deviennent des artistes ou des originaux. Pour tous, tout peut changer vers treize, quatorze ans, avec la puberté. L'aliéné au contraire, est dérobé à la communication avec autrui et ne se comporte pas comme un humain en société.

Pour ce qui est de l'enfant névrosé, notre travail consiste à comprendre les expressions qu'il donne de ses désirs – désirs qu'il ne peut pas manifester – de son climat imaginaire et des fantasmes qui l'habitent. Essayer de savoir où il en est par rapport à l'acceptation de son sexe et par rapport à l'acceptation de sa situation triangulaire familiale, c'est-à-dire sa relation à son père et à sa mère, la relation œdipienne.

Toute la psychanalyse freudienne est axée sur l'Œdipe, pour le petit âge, par rapport à l'Œdipe qui sera à faire; et, pour l'enfant qui a dépassé huit, neuf ans, par rapport au complexe d'Œdipe qu'il aurait dû résoudre autour de cet âge pour pouvoir être un adapté social.

Les enfants aliénés n'ont pas une situation triangulaire réelle, ils vivent tout à fait dans l'imaginaire ou tellement dans le réel qu'ils n'ont plus d'imagination. Généralement, c'est autour du langage que sont leurs plus grandes anomalies. Soit leur langage est psittacique – ils répètent comme des perroquets tout ce qu'on dit, mais sans repenser ce qui leur est dit, ce qui donne le change un certain temps dans leur famille, bien que leur motricité ne soit pas en rapport avec leurs actes. Soit leur langage est tout à fait délirant, ils vivent alors avec des quantités de personnages intériorisés sans relations avec le monde extérieur.

Il y a aussi des enfants aliénés qui ne se savent pas des êtres humains ou encore qui ne savent pas quel est leur sexe physiologique.

Pour eux, il faut chercher jusqu'à quel âge ils se sont comportés d'une manière non pas normale, cela ne veut rien dire, mais d'une manière communicante, souple, élastique, avec des sentiments positifs, négatifs, des expressions variées suivant la personne avec qui ils communiquent, puis le moment où tout a déraillé. Quand on a les parents sous la main, qu'il ne s'agit pas d'enfants abandonnés, on essaie de trouver, grâce au milieu ambiant, quels traumatismes a subis l'enfant et qui sont une rencontre de certains moments du développement de l'enfant et d'un manque, dans la réalité du monde extérieur, de ce dont il avait besoin pour stabiliser l'étape où il se trouvait...

De nos jours, il y a de plus en plus d'enfants aliénés, de plus en plus d'cnfants qui ne peuvent pas vivre.

Cela est dû à un nombre important de facteurs et, d'abord, à la disparition de la mortalité infantile : autrefois, un enfant qui, symboliquement, entre son père et sa mère, n'allait pas bien mourait. Il faisait des troubles que nous appelons aujourd'hui « psychosomatique », et il en mourait. L'enfance c'est l'âge du trouble psychosomatique.

A partir de la parole, il y en a beaucoup moins. Le trouble psychosomatique, c'est le langage du corps.

Aujourd'hui, on sauve beaucoup d'enfants physiquement, mais un enfant sauvé physiquement, il faudrait le reprendre. Il a fait une régression en étant malade. Il a été séparé de sa mère, il a été à l'hôpital, il s'est névrosé, il a perdu pied; c'est ce qu'on appelle l'hospitalisme, la maladie du manque de communication, de la perte des repères dont dépendait son existence symbolique, les visages et les voix connues.

Les travaux de Spitz, en particulier, ont montré qu'un enfant de cinq mois qui est séparé de sa mère pendant plus d'un mois tombe dans l'autisme et devient aliéné. Il devient d'autant plus aliéné qu'il était plus précoce avant le départ de sa mère...

Une séparation tardive, pour tout enfant, laisse des traces : un enfant qui, de trois à sept ans, a été séparé de sa mère et qui fait un dessin de personnage, commence à faire une tête de femme et puis il dit : « non, c'est raté »..., et il en fait un autre après. Cela toujours. Dans dix cas sur dix.

C'est évident : l'enfant ne fonde son existence que par la relation à sa mère. C'est la relation à sa mère qui fait que le sujet se connaît en tant qu'humain. C'est aussi par elle qu'il est référé à la personne de son père.

Un autre facteur d'aliénation me semble la vie en groupe resserré, la disparition de la vie tribale. Le champ de l'enfant est réduit à sa mère et à son père, quelquefois à un ou deux enfants qui ne sont pas là très souvent, à des bonnes qui changent; il n'y a plus de vie végétale, ni de vie animale, il n'a pas d'exutoire à son activité, il ne peut pas crier; on le réfrène beaucoup trop dans les expressions naturelles de tous ses désagréments ou de toutes ses joies.

Dans les petits appartements, si un enfant crie toute la nuit, il faut que la mère lui cède et l'enfant a très vite compris qu'il est maître de tout, au lieu de faire partie d'un groupe à la périphérie duquel il se trouve.

L'enfant a besoin d'être à la périphérie d'un groupe et non d'en être le centre.

Or cela existait quand il y avait une tribu... Et puis, il y avait le sein... L'enfant était nourri au sein et un enfant nourri au sein construit une espèce de richesse biopsychique beaucoup plus grande que l'enfant nourri au biberon...

Je peux dire que c'est le lait qui appartient à son enfant! Pour un enfant garçon, la mère n'a pas le même lait que pour un enfant fille, et le lait d'une mère qui a plusieurs enfants de suite n'a pas la même composition pour chacun... Chaque enfant fait venir à la mère le lait qui lui convient; c'est un tout biopsychique.

Autre facteur : la démission des pères. Les

pères, en appartement, ont perdu beaucoup de prestige. Dans les pavillons, ils en ont encore parce qu'ils ont du bricolage à faire, on ne peut pas se passer de papa, mais dans les appartements!, ils ne font que provoquer des « coincements » de plus!

Si le père peut vraiment prendre la place du conjoint et la garder, sachant parfois séparer les enfants de la mère qui se laisserait envahir par eux, les enfants se débrouillent très bien dans un appartement, mais c'est très rare... La plupart du temps, le père fuit le bruit de la smala, laisse sa femme se débrouiller, il démissionne.

Or l'enfant, dans cette trinité structurante symbolique, a besoin des rôles très différenciés du père et de la mère, il a besoin que chacun, sans éclipser l'autre, ait son domaine particulier.

L'enfant veut construire son corps dans un certain ordre. Il n'a pas encore la notion de civilisation, il a seulement une notion de nature. Une notion extrêmement saine : par exemple, vous ne verrez jamais un enfant essayer de tourner la tête d'un nourrisson plus loin qu'il n'est possible, physiologiquement, de le faire, ou retourner le bras ou la jambe d'un nourrisson à l'envers. C'est à cela qu'on voit un enfant « fou », quand il fait des choses comme ça.

Il a la notion de la forme, du génie humain, du génie végétal, du génie animal; il sait naturellement comment on est avec un chien, avec une puce, avec un chat, avec une vache et aussi comment on se situe à l'égard du père et de la mère. Depuis Cro-Magnon... Avec le langage en plus... Même dans les sociétés matrilinéaires, où le nom est donné par la mère – c'est le père qui a l'autorité, toujours. C'est le père, le discontinu, qui peut avoir l'autorité, ce n'est pas la mère, symbolique du continu.

Comme facteurs importants de l'augmentation du nombre des enfants aliénés, on peut noter donc baisse de la mortalité infantile, resserrement de la vie familiale et démission du père, et... l'éducation sphinctérienne, qui date de l'époque victorienne, de l'apparition des sanitaires.

Cela n'a l'air de rien, mais cette vie en appartement a modifié l'éducation sphinctérienne des jeunes civilisés. A l'époque de la terre battue, on laissait l'enfant arriver tout seul à la continence physiologique, à l'âge qui lui convenait, et tout à fait normalement : il n'y a pas de singe hominien qui ne soit continent. Le dressage actuel, plus précoce pour des raisons de commodité, est la cause de tout un investissement affectif – embêter maman, lui faire plaisir, etc. – tout à fait disproportionné.

Et comme c'est une région qui est, plus tard, la région génitale, tout ce qui y a été ressenti comme traumatisant et honteux lorsqu'elle était seulement excrémentielle le reste quand elle est devenue génitale. Or il est possible, et je l'ai fait pour mes propres enfants, de ne pas exiger la propreté. Elle vient toute seule, en son temps, lorsque l'enfant désire s'identifier aux adultes.

Pour ce qui est des « guérisons », il est impossible de parler statistiques. Nous ne savons même pas ce que veut dire le mot « guérison »... Je dois dire que j'ai eu des occasions de ne pas être très heureuse d'avoir guéri des enfants et de m'être dit : « J'aurais mieux fait de ne pas les soigner ».

Je pense en particulier à un enfant que j'ai guéri d'une névrose très précoce, qui a par la suite très bien suivi l'école et qui, à treize ans, est devenu pré-délinquant. Finalement, il a mal tourné, comme on dit... alors que s'il était resté débile, il n'y aurait rien de tout cela. Cela a été pour moi une des premières épreuves.

Or beaucoup d'enfants ont une attitude perverse, camouflée par une débilité. Celui-ci, je l'ai aidé à devenir intelligent et voilà ce que ça a donné... Il faudrait continuer les traitements après la disparition de symptômes, mais peu de parents le comprennent et ils cessent de nous amener l'enfant lorsqu'il ne leur pose plus, à eux, de problème immédiat.

Quand on parle d'enfants guéris... je dirai qu'un enfant ne peut être considéré comme guéri que sept ans après avoir été soigné et être apparemment sorti de ses difficultés d'enfant. Il peut garder invisiblement des séquelles récessives.

On peut reconnaître un enfant guérissable, un enfant fichu, on ne sait jamais..., et c'est ça le problème, c'est qu'on ne sait jamais.

Il y a, par exemple, des enfants qui ont l'air très gravement atteints; on pense qu'on en aura pour deux ans de traitement, et on s'aperçoit que le travail psychanalytique se fait très rapidement. Mais cela ne peut arriver que chez des enfants très petits, parce que, quand est passé l'âge de l'Œdipe, tout est beaucoup plus compliqué. Et puis, il faut aussi avoir la chance d'arriver pas trop longtemps après le traumatisme qui a rendu un enfant détraqué : la restitution *ad integrum* peut parfois se faire très rapidement.

Je pense, par exemple, au cas d'un petit garçon de quatre ans qui était malade depuis deux mois : on venait de le mettre pendant un mois dans un hôpital psychiatrique, parce que le mois précédent s'était passé à régresser, à perdre le sommeil, à perdre l'appétit, à perdre la marche et à perdre la propreté sphinctérienne.

On n'a absolument rien trouvé d'organique, mais cet enfant était absolument inadaptable à sa vie familiale.

Il était devenu muet, très anxieux, il ne desserrait plus les jambes pour faire la fente qui permet de marcher, etc.

Alors, le médecin de l'hôpital psychiatrique,

dans lequel il devait rester jusqu'à la fin de ses jours, a dit aux parents de venir me voir.

Cet enfant est arrivé dans les bras de son père – je ne connaissais rien de l'histoire –, j'ai voulu parler aux parents sans lui, j'ai demandé qu'il reste dans le salon d'attente.

Les parents craignaient de le laisser seul. Je lui ai parlé, en lui disant que c'était nécessaire que je parle à ses parents, lui résumant ce que la lettre du médecin disait, qu'il n'allait pas bien depuis deux mois, qu'il ne pouvait plus marcher, plus manger, et que ses parents venaient avec lui chez moi pour que je voie s'il pouvait être aidé...

Il paraissait inattentif, encore beau bébé pour quatre ans, mais absent, ne regardant pas et ne tendant même pas les bras vers sa mère... porté comme un paquet par son père. Une loque asilaire... La mère commence à me parler :

« C'est arrivé au retour de vacances, me dit-elle, je suis revenue seule, par le train avec mes deux enfants, Pierre, quatre ans, l'aîné, et Jean, deux ans. Nous étions dans le même compartiment que beaucoup de dames avec leurs enfants. Il y a eu un tunnel, et Pierre s'est mis à hurler au milieu du tunnel, puis, quand la lumière est revenue, il a dit : " Le monsieur qui est là, il m'a pris quelque chose là ", en montrant son aine gauche. Ce monsieur était au coin couloir, moi coin fenêtre, en diagonale de l'autre côté; je me suis demandé comment ce monsieur aurait pu bouger sans que je m'en sois aperçue, alors que Pierre était debout contre moi, avec son petit frère. Je lui dis : “ Mais non, le monsieur n'a rien fait. ” Je regarde le monsieur très étonné, les dames le regardent, tout le monde regarde le monsieur... puis il y a un deuxième tunnel... Je serre mes enfants contre moi et, quand la lumière revient, le monsieur a disparu.

Enfin, on arrive à la gare où le père est venu attendre sa petite famille... Tout le monde descend, sauf Pierre qui reste figé dans le compartiment. Le père monte, le descend sur le quai, veut le faire avancer, l'enfant tombe par terre; il ne pouvait plus marcher. Il avait une compulsion phobique à tenir ses jambes serrées l'une contre l'autre. Devant les autobus et transports collectifs, pris d'angoisse, il criait avec le son des sirènes d'alarme. Force était de prendre un taxi. On rentre à la maison, pensant que ça s'arrangerait, mais l'enfant reste incapable de marcher. On fait venir le docteur qui ne trouve rien. Le tableau se désagrège pcu à peu et c'est ainsi qu'on le conduit à l'hôpital psychiatrique... »

Devant ce récit, je demande à la mère s'il était déjà arrivé à son fils de rester immobile à la suite d'une émotion.

Les parents se regardent, et la mère pousse un cri de lucidité : « Mais oui! »

Son mari dit :

« Mais quoi? Qu'est-ce que tu racontes? il a toujours été normal!

– Mais non, rappelle-toi, dit-elle, le jour de la naissance de Jean! »

Jean est né vers 8 heures du matin, dans la grande ferme que possèdent les parents. Il y avait beaucoup de travail à la maison, la petite bonne avait presque fini d'habiller Pierre, il n'avait plus qu'une chaussette à mettre. Elle s'en va, et on ne fait plus attention à l'enfant : il y avait beaucoup de monde, des voisins, les enfants courent toujours partout, ce ne sont pas des parents anxieux... mais tout de même, à 4 heures de l'après-midi, on se demande ce qu'est devenu Pierre, on ne le voit pas, il n'est pas non plus chez les voisins... on court à gauche, on court à droite... Finalement, on remonte dans les chambres et la petite bonne le retrouve assis sur son lit avec sa chaussette à la main, dans la même position qu'à 8 heures du matin!

Elle le secoue un peu et cela a été fini; il est descendu comme si de rien n'était.

Je dis :

« Est-ce qu'il s'attendait à avoir un petit frère? Peut-être a-t-il été surpris? »

La mère répond :

« Vous allez rire, docteur, c'est trop bête ce que je vais vous dire, mais on dit des choses comme ça quand on est enceinte... J'avais dit que si ce n'était pas une fille, je le jetterais au feu... Mais ce qu'on est bête! Dès que cet enfant est né, j'ai été très contente... »

Je demande :

« Est-ce que vous vous rappelez si Pierre vous a parlé du feu ? »

Alors tout d'un coup, illuminée, elle regarde son mari :

« Mais c'est drôle ce que vous dites là! C'est vrai, il disait toujours, (c'était en plein mois de juin) : " Pourquoi est-ce qu'on n'allume pas le feu ? » C'est vrai... Je n'avais pas fait attention... Et je lui disais : " Il fait chaud, on n'a pas besoin de feu », mais il voulait tout le temps du feu... »

Elle ajoute :

« A part ça, il n'y a pas d'histoire, il s'entend bien avec son petit frère... Tout s'est bien arrangé... »

J'apprends que l'enfant, après la naissance de son petit frère, n'a jamais été jaloux de lui, qu'il s'était très tôt débrouillé, qu'il allait déjà à l'école du village avant les dernières vacances. Il semblait vraiment un enfant intelligent.

Je pose encore une question :

« Mais il ne s'est rien passé pendant les vacances ? Il y a eu cet incident dans le train... mais avant, est-ce qu'il n'a pas été un peu bizarre ? »

Elle répond :

« Le médecin m'avait dit qu'il serait bon pour les enfants qu'ils aillent au bord de la mer et que cela me ferait du bien aussi. Je me suis installée dans un hôtel, avec mes deux enfants, et mon mari devait venir aux week-ends. Il est venu un premier week-end, ça s'est bien passé, au second, les enfants allaient encore très bien... »

Elle s'adresse alors à son mari :

« Il faut tout de même lui dire ce qui s'est passé...

– Qu'est-ce qui s'est passé?

– Tu ne vas pas raconter ça!... dit le mari.

– Si, dis-je, il faut me raconter tout, puisqu'il y a eu quelque chose... »

Et, malgré la gêne et les exclamations du père qui scandaient le discours de la mère, elle me raconte l'histoire suivante :

Un vendredi soir, le père arrive au bord de la mer. Elle couchait dans la même chambre que les deux enfants qui dormaient dans leur lit; d'habitude, elle les couchait à 8 heures; les parents allèrent se promener et remontèrent à 11 heures. Ils passent une première nuit et une première journée ensemble. Tout a l'air d'aller très bien. Quand, le samedi soir, les parents remontent à 11 heures du soir, ils trouvent Pierre assis dans son lit, tout éveillé, et le père lui dit :

« Mais qu'est-ce que tu fais là, pourquoi ne dors-tu pas? »

Et Pierre répond :

« Ah non, je vous attendais... Je veux vous voir jouer au derrière! »

A ce moment, le père, furieux, se précipite sur son fils et lui dit :

« Menteur... menteur... tu n'as rien vu! »

Il lui donne une fessée, le recouvre de son drap, et la mère me dit que l'enfant a tremblé toute la nuit... elle voyait son petit lit qui tremblait... il avait été vraiment choqué.

Bon. Le lendemain le père partait, il n'y a pas eu d'autre soirée et il n'est pas revenu mais, pendant la semaine, l'enfant a perdu son appétit, a perdu un peu de gaieté, et le médecin du coin, ne trouvant rien avait dit :

« C'est peut-être qu'il a eu trop de bord de mer! »

L'histoire du train est arrivée là-dessus.

J'avais mon idée. L'obscurité du tunnel devait avoir réveillé le souvenir tout frais encore; Pierre se croyait blessé par le monsieur du compartiment, dans le noir, qui lui avait rappelé son père qui avait sans doute fendu la mère à son sexe en jouant avec elle la fameuse nuit d'hôtel.

C'étaient des gens qui s'aimaient moralement et sensuellement, qui me l'ont dit plusieurs fois. Ils devaient avoir vingt-huit et trente ans, c'étaient des gens jeunes, intelligents, très actifs, des cultivateurs modernes des Charentes, avec gros tracteurs, vingt employés à table tous les jours, vous voyez le genre.

Devant cette histoire, je dis :

« Je crois que j'ai compris ce qui s'est passé pour votre enfant, mais il va falloir un traitement psychanalytique assez long : est-ce que vous pourrez me l'amener une fois par semaine, pendant six mois?

– Mais, docteur, nous ferons ce qu'il faudra. »

Entre-temps, le père, inquiet de ne pas entendre hurler son fils, est allé voir au salon d'attente et en est revenu, très étonné, me disant : « Il dort, étendu sur le canapé. »

Je vais chercher l'enfant, j'entre dans le salon d'attente, je ne vais pas à lui, je dis de loin :

« Pierre, j'ai fini de parler avec tes parents, maintenant je voudrais parler avec toi. »

Immédiatement, l'enfant est réveillé... j'avais oublié qu'il ne marchait pas. Je reste à la porte et je lui dis :

« Viens... »

Je vois l'enfant figé. Je me souviens qu'il ne peut pas bouger et je dis :

« Ah! oui, c'est vrai, tu ne peux pas marcher. »

Je vais le chercher, je le prends dans les bras, je l'amène dans mon cabinet, je l'assois sur un fauteuil, à côté de moi, en face de ses deux parents, et je lui résume l'histoire que les parents m'ont racontée.

Je lui dis :

« Pierre, tu ne vas pas bien, tu es malheureux tout le temps, tu ne peux plus parler, tu ne peux plus manger avec une fourchette, tu ne peux plus être propre, pipi, caca; tu ne sais plus t'amuser, tu es très malheureux. Peut-être que ça t'ennuie beaucoup que je te parle, mais tes parents voudraient te faire soigner... »

Aucune réaction. Je continue :

« Tu es devenu comme ça... après le monsieur qui, dans le train, dans le noir, t'a pris quelque chose là... » (Je ne bouge pas et je ne fais aucun geste...) Immédiatement, l'enfant très intéressé que j'aie repris les mêmes mots que lui, me regarde, regarde sa mère d'un œil angoissé...

Je dis :

« Oui, ta mère m'a raconté tout ce qui s'est passé. Moi je crois que ce n'est pas vrai, et je crois que le monsieur t'a rappelé quelque chose d'autre qui t'avait fait peur... aussi dans le noir. » L'enfant retombe dans son inattention.

Je lui dis :

« Ce n'est pas la première fois que tu t'es arrêté de bouger parce que quelque chose t'avait fait peur, ça t'est arrivé le jour de la naissance de ton frère... »

A ce moment-là, le petit me regarde de nouveau, angoissé, regarde sa mère, puis son père, je dis :

« Oui, on devait avoir une petite sœur, et c'est un petit frère qui est né, et ta maman devait le jeter au feu, mais ta maman ne l'a pas jeté au feu... »

Il me regarde fixement, jusqu'au profond de mes yeux.

Je lui dis :

« Ça arrive que les mamans disent des choses qu'elles ne peuvent pas faire après... ta maman croyait que si un petit frère naissait, un deuxième garçon, elle n'en voudrait pas... c'était un deuxième garçon et elle a été très contente... c'est drôle les mamans... c'est bête les mamans, ça ne sait pas ce que ça dit les mamans... » Et il a esquissé un sourire en regardant sa maman!

Et je lui dis :

« Et maintenant qu'est-ce qui est arrivé avec papa? »

Il retombe dans son inattention...

Je lui dis :

« Il est arrivé avec papa, que papa, un soir, dans le lit, a joué au derrière avec maman... »

Alors là une panique, des yeux riboulant dans tous les sens, l'enfant regarde avec terreur son père, sa mère, et se met à trembler de tout son corps (comme il avait fait toute la nuit sous son drap, après la fessée du père, au dire de la mère).

J'ajoute :

« Mais ce n'était pas mal du tout, et ton papa ne savait pas que tu étais assez grand pour savoir que quand on est un monsieur qui a une petite femme, qui l'aime, on joue à tout avec sa petite femme... Toi quand tu auras une femme, ton papa ne viendra pas te déranger, tu pourras jouer au derrière avec elle... Mais il ne savait pas que tu étais assez grand pour t'expliquer ça, il t'a dit... Il t'a dit quoi? »

L'enfant affolé me regarde...

« Il t'a dit : " Menteur! Tu n'as rien vu "?

– Oui », dit-il dans un cri.

« Eh bien ce n'était pas ça, c'était que papa croyait que tu étais trop petit pour te dire la vérité, mais tu avais très bien vu, et c'est parce qu'ils ont joué au derrière que ton petit frère est né, et c'est parce qu'ils ont joué au derrière que toi tu es né... C'est comme ça les grandes personnes!

A ce moment-là, l'enfant regarde sa mère, qui était presque traumatisée, le père me regarde pour me dévorer, et l'enfant se précipite vers sa mère en quittant son siège... Il se précipite entre son père et sa mère, allant de l'un à l'autre, comme un enfant qui retrouve ses parents...

L'émotion de la mère était au paroxysme... Quant au père, il se dresse comme un diable sorti d'une boîte, se met à hurler en disant :

« Mais si c'est comme ça... si ce n'est pas mon fils qui était fou, c'est moi, et, si c'est comme ça, je divorce demain matin. D'ailleurs, je ne voulais pas d'enfant, ça n'amène que des emm... je suis fous..., tu ne m'auras plus longtemps... je divorce dès demain matin. » Et à moi : « Docteur, je ne vous paierai pas! Allons-nous-en d'ici... »

La mère ne comprenait rien, l'enfant était très content, et moi fort traumatisée, je l'avoue.

Je dis :

« Oui, c'est ça, allez-vous-en... »

Mais j'étais très inquiète de cette guérison subite, à laquelle je ne m'attendais pas... Mon but avait été de faire le point avec l'enfant, pour ensuite le reprendre doucement, de séance en séance, au cours d'une psychothérapie.

Le père, hurlant, tire le bras de sa femme qui ramasse l'enfant d'une main, son manteau de l'autre : ils partent; le père était dans un état vraiment subdélirant...

La mère me dit dans l'escalier :

« Je vous téléphonerai, docteur... Oui, oui! »

Pierre descendait en donnant la main à sa mère.

Trois jours après, je reçois un coup de téléphone de la mère, qui me dit :

« Vous savez, docteur, Pierre est complètement guéri. Il n'a plus trace de rien, il est absolument comme avant, il n'a plus parlé de vous...

« Quant à mon mari, le retour en voiture a été terrible, sans un mot et à toute vitesse. Arrivé chez nous, il a fait chambre à part pendant deux jours puis, le troisième jour, c'était hier, il est arrivé au petit déjeuner, m'a embrassée et s'est mis à rire, à rire aux éclats, en disant : “ Nous avons vu une dame complètement folle, mais ça n'a pas d'importance, puisque maintenant tout va bien... Mais, je maintiens, je ne veux pas la payer! ” »

Ce cas était exceptionnel, exemplaire. Pour ce qui est de l'explication théorique de ce cas, la voici :

Le trou dans la cuisse qu'il croyait avoir, c'était une identification à la femme que le père lui avait imposée, c'est-à-dire que ces jeux, qui avaient l'air d'être des jeux pour lui, ont été tout d'un coup appréhendés par l'enfant comme une agression sadique et qui pouvait, en effet, blesser maman, puisqu'il avait observé que l'entrejambe de sa mère n'était pas fait comme celui de son père... Mais il faut dire que c'était un enfant tout à fait au courant de la vie... Il avait vu vêler les vaches, mettre bas les lapines. En réalité, son père l'ayant battu et couché l'a fait s'identifier à la femme appréhendée passive, soumise à la force de l'homme et apparemment mutilée dans les rapports sexuels...

Tant que l'enfant ne pose pas de question, il n'y a pas lieu d'aller l'instruire de ce qu'il ne demande pas. Il faut savoir que l'enfant pose toujours des questions indirectes. Il vous dit, par exemple, à trois ans : « Comment ils seront, mes enfants ? »

On lui répond : « Cela dépendra de la femme (ou de l'homme, si c'est une fille) que tu choisiras. » L'enfant vous dit : « Ah oui ? » On lui a répondu quelque chose de vrai, mais il n'est pas utile d'aller plus loin, d'ailleurs il ne demande pas plus.

Une autre fois, il dira : « Est-ce que tu savais, avant que je naisse, que j'allais naître ?

– Mais oui, bien sûr.

– Tu le savais longtemps avant?

– Non, je le savais depuis que papa avait mis la graine de toi dans moi. »

C'est tout, et s'il ne pose plus de questions, c'est inutile de rien ajouter cette fois. Ne jamais aller plus loin que quelque chose qui est vrai et qu'on dit avec des mots très simples. Si un enfant surprend ses parents pendant leurs relations sexuelles, cela n'a pas une importance trop grande, à condition de ne pas enfermer l'enfant dans la conspiration du silence, de ne pas lui refuser l'autorisation de savoir que ce qu'il a vu est vrai... Il faut lui dire des paroles justes sur ce fait observé par lui.

Quand tu seras grand, tu feras la même chose, mais en attendant, il faut nous laisser tranquilles.

Instruire un enfant qui ne demande rien, c'est le traumatiser.

Pour les enfants plus petits, ceux qui ne peuvent réaliser, qui ne peuvent pas voir, le fait d'être dans la même chambre que leurs parents pendant le coït peut avoir des conséquences très néfastes : c'est que l'enfant est en communication inconsciente avec le corps de la mère et que tout ce qui fait vivre intensément ce corps provoque en lui, même pendant son sommeil, une survitalisation inconsciente au stade de désir imaginable pour lui : il aura faim, soif, il crie, ou bien tout simplement l'orgasme de sa mère correspond pour lui à une jouissance, à son niveau, c'est-à-dire qu'il fait pipi...

La question se pose souvent : est-ce qu'il y a des éducateurs parmi les parents? Mais les parents n'ont pas à être des éducateurs... Les parents ne peuvent pas être des éducateurs, et s'ils le sont par les mots qu'ils disent, ce n'est pas cela qui compte, c'est leur manière de vivre qui sert d'exemple et qui, à la fois, informe et forme leurs enfants.

Une éducation est réussie quand elle est ratée! C'est précisément quand l'adolescent arrive à estimer que son éducation a été un échec que les parents, eux, peuvent penser avoir rempli leur rôle. Un enfant inadapté ne conteste pas. Mais si un jeune homme, ou une jeune fille, dit à ses parents :

« Avec tout ce que vous avez fait pour moi, eh bien, vous avez raté! », alors les parents peuvent être tranquilles : l'enfant s'en est sorti, ou tout au moins son droit à la contestation prouve qu'il commence à avoir confiance en son propre jugement, ce qui est un des signes d'une maturité qui éclot.

Aux yeux des enfants, on rate toujours. Selon le mot de Freud : « Quoi que vous fassiez, vous ferez toujours mal. »

« L'HOMME QUITTERA SON PÈRE ET SA MÈRE »

INFORMATION ET ÉDUCATION SEXUELLE

Voici un article introuvable, extrait de la revue (aujourd'hui disparue) : « Parents et Maîtres », 1973, numéro 81, sur « Information et éducation sexuelle ». C'est une interview accordée par Françoise Dolto à François Ader, autour de trois axes : l'enfant devrait être informé dès son plus jeune âge de la différence sexuelle et de l'interdit fondamental de l'inceste; plus l'approche de ces données se fait tardive, moins il est facile au jeune de les appréhender dans la réalité; quoi qu'il en soit, tardive ou faite à temps, l'information doit toujours viser à l'éveil d'une fierté – une fierté d'être et de grandir – qui ne va pas sans un détachement des liens primitifs.

Dans une autre interview pour la revue « Approches », 1980, numéro 40, Françoise Dolto déclarait à propos de l'interdit de l'inceste : « *Les parents voudraient garder une emprise sur leur enfant et faire porter les fruits de leur expérience dans sa pensée. C'est tricher avec l'interdit de l'inceste. Tout ce qui lui a été inculqué par ses parents, il doit le lâcher :* " Quitte ton père et ta mère ", *ce qui ne veut pas dire qu'il ne retrouvera pas leur héritage d'une autre façon, lui-même accouchant de ce qu'il aura entendu, non de ses parents mais de son expérience, d'autres gens dans la vie, à condition que ce ne soit pas obligatoire, que ce ne soit pas dans le courant d'une alliance amoureuse.* »

R. PLUSSE
Centre Documentation Recherche

A la maternelle

Il y a dans la sexualité deux notions de base pour la formation de l'être humain : la différence, qui fait l'attrait, qui suscite le dynamisme, et l'interdit de l'inceste, qui est la base de la loi. C'est cela qui doit être enseigné aux enfants, dès la maternelle.

C'est d'abord à la maternelle qu'on devrait instruire l'enfant de son corps. Je vois des enfants intelligents qui ne savent pas la différence entre des cils et des sourcils, entre l'iris et la prunelle de l'œil, qui ne savent donc pas comment s'appelle ce qui se voit... Et on va leur mettre grand comme ça sous les yeux les organes sexuels en anatomie détaillée, et les organes sexuels des filles qui ne se voient pas! On va tout d'un coup faire une hygiène des organes génitaux et on n'a jamais parlé d'hygiène du corps, ni des fonctionnements qui entretiennent la santé! Qu'est-ce que cela veut dire une société qui ne s'est jamais occupée du corps, et qui tout d'un coup s'en occupe en Sixième, pour un enfant de douze ans ?

La différence sexuelle

A la maternelle, les enfants posent tout le temps des questions muettes. Les garçons, par exemple, se promènent flamberge au vent ou bien, surtout s'ils n'ont pas de sœur, se montrent intrigués par les filles : *« Ah, madame, elle m'a montré sa culotte... »* – *« Et alors, tu n'as jamais vu une culotte de fille ? »* Voilà : réponse toute simple, c'est fini, on n'en fait pas un drame, on dit les choses comme elles sont vues à cet âge-là, sans rendre coupable une curiosité qui est saine. Ou bien encore, au lieu de dire à ceux qui rigolent aux cabinets : *« Voulez-vous bien ne pas vous enfermer! »* (il faut bien qu'ils s'instruisent : c'est cela l'instruction!), on leur en parle après : *« Alors quoi, tu ne savais pas que les filles n'étaient pas faites comme les garçons... Mais ta mère n'est pas faite comme ton père! Les filles deviendront des femmes et des mères et les garçons, des hommes et des pères. »*

Car les enfants ne comprennent pas d'emblée la différence sexuelle : à trois ans, ils voient les choses sous la forme urétrale. Ils s'imaginent que c'est une différence dans la manière de faire pipi : *« Non, ce n'est pas le pipi. C'est le sexe. »* C'est une différence sexuelle, c'est-à-dire *« qui a un sens par rapport à l'amour de la femme que tu choisiras plus tard, de l'homme que tu choisiras plus tard et avec qui tu décideras d'avoir des enfants... »*. (Les enfants petits sont bien plus sains que nous : ils ne voient pas la sexualité autrement que dans son objectif futur de fécondité.) C'est là que doit commencer la dignité du corps, quand l'enfant est petit : dignité dans un sexe différent, garçon ou fille, qui promet un avenir et promeut leur développement.

« Qu'est-ce que le sexe? » – « C'est ce qui permettra plus tard que vous puissiez avoir des enfants. » C'est souvent comme cela que ça commence. *« Comment seront mes enfants? » – « Cela dépendra de la femme que tu choisiras... » – « Ah, elles ont de la chance, les filles, parce qu'elles font les bébés! » – « Elles font les bébés de qui? » – « Eh bien, leur bébé! » – « Eh non : ce sont les bébés de leur mari, de leur conjoint... »; « Moi je ne me marierai jamais! » – « Tu as bien raison de penser comme ça si tu ne te sens pas capable de plaire assez à une fille pour qu'elle veuille rester toute la vie avec toi! »*

Et puis ça y est : réponses toutes simples.

C'est cette complémentation des sexes qui doit être exprimée à un enfant, mais à un enfant qui a déjà le respect de son corps, qui sait qu'on ne le « manigance » pas, pas plus qu'on ne manigance un tube digestif en lui donnant à avaler n'importe quoi... Les enfants sont tellement à l'abandon maintenant qu'il faut leur faire très tôt l'éducation spirituelle de l'être humain, leur dire qu'ils sont *« pour l'avenir »*, promus à une vie d'adulte, et que, au-delà de la rigolade, il y a une joie promise. Mais il faut pour cela qu'ils se séparent de papa et de maman – seuls connus de leur cœur d'enfant – et qu'ils sachent – tout jeunes– qu'ils vont devenir des pères et des mères et accéder ainsi au corps et au cœur des autres.

L'interdit de l'inceste

Il faut pour cela qu'ils puissent *« se materner »* et *« se paterner »*, c'est-à-dire avoir intégré en eux les lois de la société. Et la seule loi de base, c'est l'interdit de l'inceste. C'est-à-dire que l'attrait pour la sœur ou pour le frère, pour la mère ou pour le père est un attrait naturel; mais un attrait que la culture interdit. Le sexe est le lieu de notre corps qui porte fruit charnel, mais l'être humain porte fruit par tout échange sensé avec autrui. Or nos relations avec autrui, nous les « symbolisons » par le langage : et l'être humain est ainsi fait que, s'il n'a pas reçu castration, il ne peut pas symboliser. L'enfant qui prend tout le temps le plaisir dans une communication vouée à la stérilité ne découvre jamais le plaisir d'une communication créatrice.

Je ne comprends pas que l'école, dès trois ans, n'enseigne pas à un enfant qu'il n'aura jamais le droit d'avoir d'enfants de sa maman, de son papa, et qu'il est ainsi dans la même loi qu'eux par rapport à leurs propres parents et par rapport à lui; qu'on ne lui dise pas qu'il ne peut pas y avoir chez les humains de relations et de jeux sexuels – qu'ils soient hétérosexuels ou homosexuels – entre enfants et parents proches. Qu'il ne peut donc plus jouer à touche-pipi avec son frère et avec sa sœur, maintenant qu'il sait qu'il ne s'agit justement pas d'un pipi : il s'agit du bourgeon, qui donnera la fleur, qui donnera le fruit. Il faut l'enseigner aux enfants. « *Tout ce que tu désires du sexe avec les autres – si eux le veulent bien – mais jamais avec ceux de ta famille.* »

« *A quoi jouez-vous ensemble? Vous jouez encore comme des petits?* » – « *Eh bien, je vais dans son lit tous les jours où papa et maman vont au cinéma. C'est maman qui veut que j'y aille pour que je n'aie pas peur.* » – « *Eh bien tu diras à ton petit frère qu'il ne faut plus qu'il le fasse avec toi parce qu'il est trop grand. Vous faites encore comme des petits bébés qui ne savent pas...* » Et je donne la loi de l'interdit de l'inceste. Et puis l'enfant revient : « *Il m'a demandé si vous alliez le dire à papa et maman.* » Je lui réponds : « *Eh bien, tu vois, il savait que c'était défendu, lui.* » Quelque temps après, la mère vient : « *Vous savez, on n'y comprend rien. La maîtresse dit qu'en trois semaines, elle a appris à lire et à écrire. Quant à mon fils, il devait entrer dans la classe qui n'ira pas au certificat – on se trouvait à Pâques – et le maître m'appelle en me disant que maintenant il est tout à fait capable d'entrer dans l'autre.* »

Il y a ensuite tout le problème, pour l'enfant,

de ne pas rester un bébé auprès de sa maman, un bébé sur les genoux de son papa... Il faudrait que les parents aient pour leurs enfants le même respect chaste que pour un hôte à leur domicile. La chasteté des enfants vient de l'exemple de la chasteté des parents avec eux. Mais les parents ne sont pas chastes avec leurs enfants et ceux-ci vont continuer à se faire frotter le dos et la peau par maman, à ouvrir la porte du cabinet de toilette pour voir papa ou maman tout nus. C'est le plus grand irrespect de mettre leur corps sous les yeux de leurs enfants. La beauté d'un adulte est une séduction pour un enfant. Si on montre à un enfant le corps de l'adulte, eh bien, c'est qu'il peut y aller. Pourquoi pas? Bien des enfants y vont d'ailleurs...

Et vers onze-douze ans?

Pour vous faire comprendre les risques d'une information didactique et trop tardive, je vous citerai l'exemple d'une fille de Troisième, élevée sans père depuis l'âge de deux ans. C'est l'enfant gentille qui fait plaisir à maman, une maman confinée dans un petit travail, à l'écart de relations sociales, toute à son « bébé » qui fait des études. La fille a réussi son B.E.P.C. On se pose la question de son entrée au travail. Mais on ne sait qu'envisager pour elle, tellement elle est infantile. Ne voulant pas qu'elle soit aussi ignorante qu'elle autrefois, sa mère lui a payé des leçons d'éducation sexuelle collective.

Ce qui lui est resté de ces trois conférences relève de l'incroyable. *« Alors, cela t'a intéressée? » – « Ah oui, mais c'est difficile, ce sont des mots compliqués. Nous, les filles, on a des enfants tout faits depuis qu'on est nées et puis les garçons, avec un truc qui n'est pas comme le nôtre – ça s'appelle le « vaguin » (sic) des garçons, je n'ai pas pu écrire, ça allait si vite – ils nous font naître les enfants qu'on a dans soi... »* Cette jeune fille, parce que sa maman l'a eue sans père en apparence, est restée dans tous les fantasmes parthénogénétiques des petites filles : *« Des petits bébés tout faits dans le ventre et il faut un monsieur pour les déclencher »*, c'est tout ce qu'elle a compris des ovules.

Éclairer une expérience

Cette fille reçue au B.E.P.C. a comme une barre d'obscurité sur tout ce qui concerne la différence sexuelle. On la lui a présentée comme un *savoir,* alors que c'est une question qui relève de l'expérience. Or l'expérience de cette fille s'est vécue dans la carence d'un père et cela aurait pu lui être expliqué. Ç'aurait par exemple été différent pour elle si elle s'était trouvée dans un groupe d'une douzaine de filles, avec un professeur qui les aurait fait parler de leur papa et de leur maman – présents ou absents –, de leur corps, de leur développement : quand et à quoi se sont-elles aperçues de la différence sexuelle ? A quoi ont-elles pensé ? Et si telle ou telle avait alors répondu que c'était sale, ou que ce n'était pas bien, le professeur aurait pu l'aider à comprendre ce qui était en jeu dans sa réaction, la présence des autres filles du groupe permettant que les réponses de l'adulte ne soient pas séductrices, d'autant plus que les propos peuvent être repris entre elles.

Tout est dans le terrain sur lequel arrivent les informations. Pour recevoir cette instruction, il faut que les enfants puissent poser des questions au niveau de ce qu'ils vivent : *« Mes parents restent ensemble, mais ils ne s'aiment pas... » – « Peut-être parce qu'ils ont eu des enfants avant de savoir qu'ils ne pouvaient pas vivre ensemble longtemps ? Et comme ils se sentent responsables de leurs enfants, ils restent ensemble, ce qui n'est pas drôle pour eux... »; « Mon père et ma mère, ils font chambre à part... » – « Mais vous savez, mes enfants, faire chambre à part n'empêche pas du tout d'avoir des rapports sexuels... »; « J'ai une grande sœur et mes parents ne veulent pas qu'elle rentre plus tard que neuf heures du soir...»* – *«Mais tes parents ne l'empêchent pas de rencontrer des amis dans la journée. Et quand ta sœur sera capable de gagner sa vie et de vivre chez elle, tes parents n'auront plus à contrôler ses allées et venues : c'est qu'elle sera devenue responsable d'elle-même. La responsabilité de soi ainsi que la liberté se gagnent...»* Ce sont les réponses de la réalité. Et sur ces questions du sexe, quant au bien et au mal, le rôle de l'adulte est de répondre dans la réalité de ses dangers et de ses lois, et non avec son éthique personnelle. C'est ainsi qu'il suscite chez l'enfant l'éveil de sa maturité.

Les enfants posent perpétuellement des questions lorsque leurs parents ne veulent pas les instruire. C'est pourtant tout simple pour une mère de répondre à un enfant qui dit : *«J'ai vu du sang dans les cabinets...»* – *«Mais oui, j'ai mes règles»*, et la maman d'expliquer cela tout de suite. Il l'a vu. Il pose une question : réponse vraie. Un professeur qui expliquerait très simplement à des enfants de onze-douze ans la vérité sur le corps pourrait les aider à comprendre beaucoup de choses qu'on leur cache en famille. Mais si cet enseignement est obligatoire, il faut que les enfants puissent éventuellement s'y dérober en disant : *«Moi ça ne m'intéresse pas.»* A condition que ce ne soient pas les parents qui obligent l'enfant à s'y dérober...

Les enfants mis au courant par leurs parents poseront par exemple, eux, des problèmes de mœurs. Pour des enfants plus jeunes, de sept-huit ans, il y a toute l'éducation qu'on peut donner à partir de la fécondité des animaux. L'instruction à la couvade, à la responsabilité. Dès qu'il y a couvade chez les oiseaux, et encore plus chez les mammifères, on observe la relation étroite et tutélaire mère-enfant. Tout ceci peut servir de base à des réflexions : *« Ah oui, mais les humains, c'est pas seulement de la nourriture, c'est des paroles... »* Ou encore : *« Les enfants n'ont pas toujours la même mère : il y a la maman-pondeuse, puis la maman-couveuse, puis la maman-tutélaire, et ce n'est pas toujours la même... »* Au lieu d'instruire les enfants de ce qu'est une mère, il y a cette institution de la Fête des Mères qui, telle qu'elle est, est souvent une comédie qui les infantilise!

Qui va pouvoir parler des « passions »?

Dès qu'on parle avec des mots de toutes ces questions, cela réveille des affects. Et c'est justement d'eux qu'il faudrait pouvoir parler. Au lieu de cela, les professeurs vont bien potasser leur cours et les mots savants vont tomber sur des enfants qui, pour des raisons différentes, n'y comprendront rien. Que pouvait comprendre la jeune fille dont j'ai parlé? Elle n'avait jamais vu sa mère amoureuse. Quand une petite fille voit sa mère fréquenter un monsieur, elle lui dit : « *Mais pourquoi tu vas avec ce monsieur? C'est pas gentil! Alors tu me laisses...* » Elle, elle n'a jamais eu l'occasion d'être jalouse. Elle n'a jamais vécu la situation triangulaire.

Il faudrait qu'avec n'importe quel professeur, depuis que l'enfant est petit, on puisse parler du corps, et puis que, chaque fois qu'il y a des incidents passionnels entre enfants, on puisse parler des affects, des passions, des jalousies : c'est-à-dire parler de la situation triangulaire. L'enfant a l'expérience de l'amour, mais il n'a pas encore l'expérience *connue* du désir : il sait qu'il aime, il sait qu'il est jaloux, il ne sait pas qu'il désire. C'est autour de la souffrance de la jalousie – ce qui est un signe du désir – qu'un professeur pourrait parler : « *Si tu es jaloux, c'est de l'amour déçu...* » Mais si le professeur vit lui-même dans un état d'amour déçu, peut-il parler de la jalousie?

Les enfants entendent la vérité portée par les mots qui leur sont dits, l'expérience vécue de la personne qui les prononce, la souffrance qu'il y a derrière cette expérience. C'est aussi une souffrance, la sexualité, pour tous les êtres. Nous n'acquérons une expérience que par des souffrances dépassées... Il faudrait que les maîtres puissent dépasser leurs souffrances et être au plus près de leur vérité, de leur vérité à eux, sans pour cela penser que c'est *la* vérité. Quand les enfants leur disent : *« Ah, mais M. Untel dit autrement... »* – *« Mais M. Untel n'est pas moi. Il est comme il est... »* Cela montrerait aux enfants que les adultes sont aussi tout le temps des êtres mouvants comme eux et qu'ils ne détiennent pas la vérité. Cela, c'est perpétuellement guérir les enfants des déceptions d'amour.

La décision de l'Éducation Nationale, je crois que c'est un vœu pieux qui va faire remuer toute la société. Ce sera déjà ça. On lance un pataquès, et comme *« ça va se faire à l'école »*, alors les parents vont se préoccuper de le faire. Je crois que c'est ça, finalement, qui va être utile. Peut-être cela changera-t-il quelque chose à partir de la puberté pour ceux qui ont déjà des expériences sexuelles et qui s'en inquiètent. Mais, avant cela, je crois que ça va faire un magma épouvantable dans la tête des enfants. Mais enfin, de ce magma il va sortir autre chose. Après tout, nous sommes dans une société et je ne suis pas contre la société : mais je ne vois pas qui va pouvoir se charger de cette instruction.

FRANÇOISE DOLTO

L'éducation de la responsabilité sexuelle

Que peuvent être ces « *groupes d'éducation à la responsabilité sexuelle* »? Là encore, tout dépend du terrain... A partir du moment où un garçon aime une fille – ou réciproquement –, on peut répondre à ses questions. Mais auparavant? Que dire à ceux qui vont en bande tripoter des filles dans une sorte d'homosexualité de compétition? A ceux qui en sont encore à un pseudo-inceste, qui font l'amour avec des pseudo-sœurs, et qui se sentent coupables – et se sauvent – si un enfant est conçu? A ceux qui n'ont pas pu s'identifier à leur père, que celui-ci ait abandonné leur mère ou qu'il se soit désintéressé d'eux...? Et puis il faut être deux pour devenir responsables : les filles sont allumeuses sans le savoir et le garçon se dit : « *Tout le monde en profite : pourquoi serait-ce moi le père...?* »

Ce qu'il faut, je crois, c'est avoir des conversations très ouvertes, mais pas garçons et filles ensemble lorsqu'ils sont jeunes : garçons avec homme, filles avec femme, ou, s'il y a mixité, alors avec couple d'adultes. Les confidences vont venir. Mais dès qu'on parlera de ces questions, ce sont des flambées – homosexuelles et hétérosexuelles – sur les personnes qui vont les enseigner : « *Ah! si elle avait été ma mère, s'il avait été mon père!* » On joue avec le feu, c'est certain.

Pourquoi ? Parce qu'on ne commence pas à trois ans. C'est avant la possibilité de procréer que les enfants devraient être entièrement enseignés – avec, à la clé, l'interdit de l'inceste – et d'une manière qui soit pour l'enfant un appel à la fierté de sa génitude.

La fierté de sa génitude

La dignité d'un être humain, c'est de chercher à plaire à l'autre sexe, mais pour un garçon pas à sa sœur ni à sa mère. C'est aux tout-petits qu'il faudrait expliquer cela lorsque les garçons, par exemple, disent : *« Ah, je m'en fiche des filles! »* – *« Tu ne t'en ficheras pas toujours, parce que tu plairas aux filles... »* – *« Ah oui, je plairai aux filles? Tiens, maman ne m'a jamais dit ça, papa ne m'a jamais dit ça... »* Ou lorsque les filles disent : *« Les garçons, ils sont des embêteurs... »* – *« Ah, papa est un embêteur? »* – *« Ah non, pas papa. Mais mes frères, ils sont embêtants... »* – *« Mais tes frères ne sont pas tes fiancés... »* Vous voyez, faire tout de suite sentir la différence entre des relations affectives familiales et les relations affectives extra-familiales.

Quand des parents viennent ici demander conseil pour un enfant soi-disant insupportable, je demande toujours à l'enfant de partir de sept-huit ans, et devant les parents : *« A quel âge t'es-tu aperçu que tu étais fait comme un garçon, ou comme une fille? »* Immédiatement, l'enfant regarde sa mère, comme s'il n'avait pas le droit de s'en être aperçu. Alors, je lui dis : *« Tu regardes ta maman, comme si ta maman ne savait pas que tu savais... »* Alors, il devient tout rouge. Et je dis à la mère : *« Comment avez-vous répondu à votre enfant pour lui dire pourquoi on appelait des filles, des filles? » – « Ah, il n'a jamais posé la question... » – « Et vous, vous ne l'avez pas éclairé sur les choses de la vie? »*

Deuxième question : *« Est-ce que tu as déjà eu une fiancée? »* Tout de suite il regarde encore sa mère. Alors je luis dis : *« Mais ta mère n'a pas à savoir si tu as une fiancée. C'est une affaire entre toi, ton cœur, et puis les filles qui t'ont plu dans la vie... »* Alors : *« Oh non, oh non... »* Alors je dis : *« Pourtant les fiancées, ça commence à six ans. Et puis tu es un garçon qui doit plaire aux filles. Ça m'étonnerait beaucoup qu'une fille n'ait pas dit qu'elle voulait un jour se marier avec toi... »* Alors il regarde sa mère en douce... Mais je dis : *« Tu n'as pas besoin de regarder maman. Tu viens ici pour parler à une dame afin de savoir si tu es un grand garçon. Est-ce que tu es un grand garçon? Est-ce que tu as déjà eu une fiancée? »* Alors il me dit : *« Oui... »*

« Comment, dit la mère, mais tu ne me l'avais pas dit! » – « Mais il a bien fait, madame. C'est que ça ne vous regardait pas... » C'est comme ça tout le temps. Et alors le père qui vous dit : *« Ah mais moi, je ne savais rien avant quatorze ans, j'étais un imbécile... » – « Alors vous ne voulez pas que votre enfant continue. Pourquoi ne l'avez-vous pas mis au courant? »* Tout est une histoire de triangulation de début. Et la société ne vient pas au secours des parents pour les aider à ce que leurs enfants se prennent en charge au contact des autres enfants de leur âge, garçons et filles.

Il n'y a pas de « réponses »

Tout le monde cherche des réponses. Or je crois qu'il n'y a pas un être humain – ni même un groupe d'êtres humains formés de la même façon – qui puissent apporter des « réponses » qui devraient être avalées par les autres parce qu'elles viendraient de *« quelqu'un qui sait »*. Chacun se forme d'après *ses* expériences. Tout savoir reflète la façon dont quelqu'un s'est défendu de ses angoisses et n'est pas une réponse utilisable pour un autre : sa propre éthique en découle, façon pour lui-même de garder son équilibre, qui risquerait de mettre un autre en déséquilibre.

Les psychanalystes n'ont pas de « réponses » quant à l'être humain. Nous ne pouvons que poser des questions et témoigner. C'est notre écoute sans angoisse devant la leur qui, pour autrui, fait apparaître les autres aspects de leurs questions qui rassureraient, je ne peux pas vous en donner.

Et si j'ai l'air de donner parfois des raisons, ce n'est pas du tout mon idée : cela viendrait seulement de l'impact que ma réponse pourrait avoir sur l'imagination des gens, des réponses en les délogeant de leurs positions qui préjugeaient des miennes.

Je crois que nous, les êtres humains, nous sommes un orchestre : ce n'est ni le pipeau, ni le violoncelle, etc. qui ont raison... Chacun de nous, lorsqu'il a intégré une certaine culture et qu'il est au plus près de l'acceptation de lui-même à travers son histoire, donne une certaine vérité avec un tout petit « v ». Mais cette vérité-là peut s'harmoniser avec d'autres. Si c'est dans cet esprit qu'on me pose les questions, moi je réponds au plus juste de l'honnêteté que je peux avoir, tout en sachant que mon honnêteté est aliénée.

Langage et privation : grandir

F. A. – Je voudrais arriver à mieux comprendre ce que vous avez dit l'autre jour de l'inceste et notamment à bien saisir le lien entre « castration » et « symbolisation ».

F. D. – « Castration » : c'est-à-dire une privation définitive – sur le plan du « circuit court » de la satisfaction – d'un moyen de satisfaire un désir. Cette déprivation totale s'effectue par un « dire » assumé par un être humain plus évolué que le sujet privé de cette satifaction : elle est pour lui un modèle d'accès au niveau où se trouve celui qui l'en déprive et qui ne l'en déprive que par respect pour lui.

Le même désir – qui visait à l'origine cette satisfaction par un circuit court – est suscité à entrer sous tension, avec souffrance, et de cette tension, trouve le moyen de s'exprimer par un échange langagier avec l'être même qui l'en a privé : langage qui l'introduit alors à la communication avec les autres dans la société.

Au lieu d'avoir eu la satisfaction de sa pulsion directe avec lui-même, il a de ce fait, par le langage, multiplié la possibilité de rencontrer un autre et de découvrir d'autres niveaux de plaisir.

F. A. – Je réexprime à ma manière... L'enfant a spontanément le désir – pour un garçon par exemple – de sa mère. Si sa mère lui fait sentir que ce désir-là, sous cette forme, n'est pas réalisable, c'est pour lui une privation très grande qui le met en tension, mais d'où va surgir une autre voie pour communiquer et cette voie, c'est le langage. Et ce langage, du coup, devient compréhensible par les autres membres de la société.

F. D. – C'est ça. Mais il y a un point important que vous oubliez. Il faut d'abord que ce ne soit pas pour la mère une jouissance de priver son enfant. Il faut ensuite que ce que cet enfant manifeste comme pulsion – qu'elle a éprouvé comme enfant, elle aussi, et qu'elle continue d'éprouver du plaisir comme adulte –, ce ne soit pas dans cet enfant qu'elle le recherche pour sa satisfaction, mais dans un autre adulte.

Ainsi s'établit une situation triangulaire. L'enfant s'aperçoit que le plus grand des sourires n'est pas pour lui, mais pour un autre, le père, dont il brigue de prendre la place. Alors, pour lui, grandir prend un sens, puisque les grands ont encore plus de plaisir que les petits. Vous le voyez, c'est toujours pour une éducation du plaisir : « plaisir » au sens d'une jouissance de plus en plus humanisée, c'est-à-dire de plus en plus partagée avec les autres humains et soutenant la richesse du langage, ceci sans dénier la question toujours réactualisée du corps.

Le plaisir de l'être humain

F. A. – La difficulté assez fréquente à reconnaître la valeur du plaisir ne viendrait-elle pas de ce que la signification de ce mot est limitée au plaisir physique? On ne fait pas attention, du coup, à cette expérience d'élargissement, d'agrandissement des satisfactions dont vous venez de parler, qui n'exclut pas bien sûr la jouissance physique, mais qui la situe à une place...

F. D. – ... à une place qui est sans cesse mutante, de palier en palier : car si le plaisir se répétait toujours le même, cela deviendrait l'équivalent d'un besoin. Et la réponse au besoin ne satisfait jamais l'être humain, puisqu'elle ne satisfait que le corps et que ce qui peut satisfaire l'être humain, c'est la communication interpsychique avec un autre. Le véritable désir, chez l'être humain, c'est celui de communication interpsychique. C'est le langage qui est son grand plaisir.

Car ce que les êtres humains ont découvert avec le langage, c'est la création. L'être humain crée par le langage. C'est ça son extraordinaire valeur. Quand je dis langage, je ne parle pas seulement du langage verbal : je parle du langage mimique, gestuel, visuel, auditif, tactile, etc., de tout ce qui permet à un être de ne pas se sentir tout seul en découvrant et en sentant la façon dont un autre appréhende le monde.

Les relations des adolescents

F. A. – Comment voyez-vous le problème, bien actuel, des relations des adolescents? On a souvent le sentiment que beaucoup d'entre eux ne sont pas armés pour évoluer, pour se développer...

F. D. – Je crois que, dans toutes leurs relations, les jeunes cherchent l'autre : il est tellement douloureux d'être réduit à soi-même! Mais effectivement, s'ils *« ne sont pas armés »*, comme vous dites – c'est-à-dire s'ils n'ont pas été vaccinés contre la passion, vaccinés contre la souffrance d'une non-adaptation de leur recherche à ce qu'ils peuvent trouver – alors ils retombent dans le même piège qu'un enfant dans sa famille, lorsqu'il veut trouver dans sa mère l'objet de tous ses désirs, « son dieu », si vous voulez.

Certaines « communautés » de jeunes – bien qu'il n'y ait pas l'interdit de l'inceste – sont en fait des communautés pseudo-familiales où les communications de toutes sortes, y compris la communication sexuelle, risquent de devenir un piège si on ne peut plus se séparer de la sécurité que le collectif assure. Ce que nous voyons de nos jours, ce sont les conflits et la douleur à quitter la communauté, au risque de voir celle-ci éclater. Alors qu'il avait semblé très facile de quitter la famille pour la communauté... La communauté n'hériterait-elle que d'un transfert de chacun sur une famille idéale qui n'existe pas?

Les jeunes croient trouver, parce que la sexualité libre y est bien vue, une solution à leurs difficultés, et l'expérience leur montre que de transférer la famille réelle sur une famille sans interdit d'inceste ne résoud pas leurs véritables problèmes. Au plus peut-on dire que le couple qu'ils construisent après la vie de communauté correspond mieux à leurs désirs profonds que les couples constitués immédiatement au sortir de la famille.

Le désir fait rechercher l'être complémentaire. Ça peut être une recherche de répétition du même plaisir avec un être différent dans son corps : c'est l'instabilité sexuelle, qui ne permet pas la découverte de l'autre dans la relation sexuelle. L'expérience d'aimer qui « arme » le jeune, c'est celle d'un attachement physique à un autre totalement différent, car c'est cette différence qui assure la dynamique de l'amour. Lorsqu'un jeune croit avoir trouvé l'unisson complet avec l'être désiré et aimé, il tombe dans l'habitude, et l'un des deux de ce couple – celui dont le désir est plus vivant – devient disponible à un troisième et c'est alors la souffrance de la jalousie pour le compagnon lâché.

L'imaginaire voudrait nous maintenir dans le mode de l'amour absolu à deux du bébé qui tète, où désir et besoin trouvent dans le même être satisfaction, et nous avons sans cesse à nous guérir de nos illusions. C'est de cela qu'il est question toujours dans les groupes d'adolescents. Il leur est bon d'entendre des phrases comme celle-ci : « *Tu as de la chance que la fille que tu aimes n'accepte pas que tu sois comme ci, comme ça... Toi, qu'est-ce qui ne te plaît pas en elle? Tout te plaît? Alors c'est que ce n'est pas la bonne; tu la bois, comme une maman : c'est un sein, ce n'est pas une fille...* » Ou encore : « *Est-ce que tu aimes les amis de cette fille?* » – « *Ah non, je lui défends de voir des amis...* » – « *On ne peut pas vivre comme ça dans la vie, collés l'un contre l'autre. Il faut que chacun ait ses amis et puis les genres d'amis qu'elle a conviennent au genre que tu t'es fait...* »

Les premières expériences

F. A. – Croyez-vous que des enfants qui auraient été acheminés comme vous le souhaitez, dès la maternelle, vers la fierté de leur génitude, auraient davantage de liberté par rapport à ces expériences?

F. D. – J'en suis sûre. Les enfants auraient appris bien avant l'âge adulte à connaître les types de compagnes et de compagnons qui correspondent à leur sensibilité. Au lieu d'attendre dans le giron familial – et avec quelle impatience, se nourrissant de fantasmes – l'âge de la prégnance des besoins sexuels, il y aurait eu toute une expérience de la réalité au cours de la croissance. Conscients depuis le plus jeune âge que c'est la différence qui fait la vie, ils exerceraient leur créativité, sourcée dans les différences et les contradictions des êtres rencontrés, quittés et aimés.

La créativité d'un être – autant que la construction de sa personnalité – est suscitée par la différence qu'il découvre entre lui et les autres quand cette différence est valorisée. Or, dans l'éducation traditionnelle, les enfants sont habilités à se croire tous pareils face à un homme ou une femme tutélaire, enseignant, qui leur dit : *« Avalez ce que je vous enseigne. »* Et leurs résultats ne sont jamais vus comme des différences où tous sont valables à des titres divers, mais sont sanctionnés selon une échelle de valeurs de « mal » à « très bien ».

Je ne crois pas qu'une saine pédagogie puisse viser à empêcher les enfants de faire les expériences qu'ils désirent, *quelles qu'elles soient*, encore moins dans les amitiés. Il n'y a rien de pervers dans les amitiés électives des petits enfants qui échangent des chewing-gums, se caressent, regardent comment ils sont faits : ce qui est pervers, c'est lorsque l'adulte s'identifie au plaisir de l'enfant pour le juger dangereux et s'en fait le voyeur afin de l'empêcher ou d'en jouir.

Tout ce qui peut se vivre de trois à onze ans avec les moyens de rapt, de don, de prise, d'agression les uns aux autres, pourrait porter des fruits de langage si on le laissait vivre sans jugement a priori et qu'on pouvait en parler. Des enfants ont un différend dans un groupe ? Ils se battent, ou se disent des sottises, ou essaient de s'allier avec un groupe contre un autre groupe (c'est tout cela la vie des enfants...) ? *« Arrêtons-nous,* dirait le maître, *et parlons de ce qui se passe... »*

« Je le déteste », dit l'un. *« Mais il m'a fait*

ça...», répond l'autre. *«Attends : tu vas parler à ton tour...»* Et que tout puisse alors se mettre en langage, quitte à ce que les tensions soient à nouveau déchargées durant la récréation suivante. On en ferait autant pour les attractions ou répulsions sensorielles et sexuelles, pour les affinités ou les haines a priori... Les psychologues épiloguent sur le *«pourquoi»*. Mais l'important de l'éducation, ce n'est pas du tout le *«pourquoi»* : c'est le *«comment»*. *«Qu'est-ce que tu ressens?»*, *«Qu'est-ce que tu ressens vis-à-vis de lui?»*, donnant tour à tour la parole à ceux qui en étaient venu aux mains.

Dans tous les différends passionnels, il y a une répétition de ce qui s'est passé beaucoup plus tôt, dans la toute petite enfance, par rapport au père et à la mère, à la fratrie, et qui se vit dans les groupes d'enfants en les initiant aux rapports à la société. Mais cette initiation n'en est une que s'il y a un certain recul du corps à corps et le passage au langage. C'est pour cela que les parents, de leur côté, ont à être castrés de leurs enfants...

«Qu'ils aillent avec d'autres!»

F. A. – Nous pourrions reparler de ce que vous m'avez dit avant-hier de la chasteté des parents...

F. D. – ... de la non-chasteté. Il arrive qu'un enfant sevré valorise encore le fait de téter. Il suce alors son pouce pendant des heures, pour rester avec l'illusion du corps à corps à sa mère. Cela peut venir de ce que la mère n'a pas remplacé ce corps à corps par des paroles et des jouets médiateurs, intéressants pour l'un comme pour l'autre, à travers lesquels il aurait exprimé ses affects et elle lui aurait répondu. Mais cela peut venir aussi de ce qu'elle continue de « le téter », au figuratif elle, en l'embrassant chaque fois qu'elle le voit ou bien, de ce qu'elle ne lui fait pas sentir que ce qui compte en lui pour elle, c'est qu'il la quitte et aille avec d'autres.

Une mère sèvre souvent son enfant sans l'avoir encore introduit à l'amitié avec une autre personne. Elle veut bien séparer son corps du corps de l'enfant, mais elle reste avide de sa relation exclusive avec lui. Elle le veut tout à elle. S'il s'attache à une autre personne, c'est là qu'en elle la souffrance d'un manque, perçu comme un vide, se fait sentir. Combien de mères sont jalouses de l'attente impatiente de l'enfant pour le père et gâchent la relation de l'enfant à lui, en « rapportant » au papa toutes les bêtises de la journée. Elle montre ainsi à l'enfant que la venue du père ne doit pas être pour lui une joie, pas plus qu'elle ne l'est pour elle, petite fille persécutée par ses enfants face à un père qui prend pour elle place de mère.

La castration, pour une mère, c'est d'aimer son enfant la désaimant – car il lui en veut de l'avoir lâché pour un autre, adulte – et c'est de lui donner tous les autres de la société comme aussi valables qu'elle-même : *« C'est ta tante, ou ta grand-mère, qui va te donner à manger : je suis heureuse que tu l'aimes... »* On entend plutôt : *« Est-ce que tu n'aimes plus que ta grand-mère ? »*

F. A.– C'est le sens de ce que vous disiez : *« Il y a la mère-pondeuse, la mère-couveuse, la mère-tutélaire... »* ?

F. D. – Oui, l'enfant ne peut avoir qu'une mère-pondeuse, à la rigueur deux mères-couveuses successives. Quant à la mère-tutélaire, c'est là que la première tutelle doit savoir s'effacer devant d'autres. Et puis il y a la mère-initiatrice aux expériences loin d'elle. Et ce n'est pas forcément la même mère. Cette diversité est évidemment plus sensible dans la situation d'adoption : une maternité sur le plan du langage succède alors à une maternité sur le plan physiologique. Or il arrive qu'une mère adoptive veuille se convaincre, dans ses fantasmes, qu'elle a gesté l'enfant : ce sont des fantasmes de rapt. L'enfant serait au contraire enrichi, et libre de tout sentiment de frustration par rapport aux autres enfants, si sa mère adoptive lui disait : « *Tu as été gesté par une autre femme merveilleuse, qui t'a fait vivant et m'a fait le don de ta personne à élever parce qu'elle ne pouvait pas t'élever...* »

Pour un plaisir toujours plus grand

F. A. – Vous venez de parler de l'imaginaire. D'où vient que nous avons tant de mal ou avoir les faits dans leur réalité?

F. D. – Les êtres humains ont trop tendance à se valoriser par leur souffrance et ils voudraient que les autres éprouvent la même souffrance qu'eux. Mais si la souffrance est un moyen employé, l'enfant en est perverti. L'éducation d'un être humain doit l'initier à découvrir par lui-même un plaisir plus grand, plus riche, plus communicable que celui qu'il avait primitivement visé. Allez dans la salle d'attente d'un médecin. Vous verrez, tout le monde y grandit le mal qu'il a eu : « *Qu'est-ce que j'en ai passé!* » – « *Ah, ce n'est rien à côté de moi..* » Vous n'entendez guère : « *Je vais mieux et cela me permet de faire beaucoup de choses...* » Leur souffrance, c'est leur valeur. Ça, c'est une déformation de notre éducation.

F. A. – Vous souhaitez donc...

F. D. – ... que le plaisir soit la valeur!

F. A. – ... et que les enfants puissent sentir que nous sommes faits pour des plaisirs toujours plus valables?

F. D. – C'est cela même. Voyez, par exemple, les enfants travaillés par la masturbation. Ils se sentent dans une impasse. La tension localisée dans les génitoires fait qu'ils imaginent la conquête d'un autre être et les privautés qu'ils vont prendre, tout cela leur apportant un plaisir en vagues qui envahissent le corps. Le levier de cette jouissance est la recherche d'un autre être. Mais comme la tension disparaît – une fois cette excitation achevée dans un orgasme quel qu'il soit – ils n'ont plus du tout envie d'aller trouver cet être, puisqu'en imagination, en même temps que dans le corps, dans la solitude, la satisfaction a été atteinte.

Ils appauvrissent leur recherche d'un autre dans la réalité, puisque leur désir se satisfait dans l'illusion. Rien en eux ne se confronte à la découverte d'un autre. Ils ne font que développer en eux dans l'imaginaire l'autre sexe qu'ils projettent dans des fantasmes : sa partie femelle imaginée pour un garçon, sa partie mâle imaginée pour une fille. C'est toujours à partir de leurs premières expériences de vie, au contact de papa-maman, avant qu'ils les aient différenciés. Leur propre corps se divise finalement en mental, qui rêve d'une rencontre sexuelle, et en région du corps génitale, objet partiel élu comme magique qui devient le fétiche d'une relation imaginaire, d'où toute expérience d'un autre est exclue.

L'enfant souffre d'être ainsi dans une rêverie permanente et dans un sentiment d'impuissance, privé qu'il est d'énergies disponibles pour s'intéresser à autre chose, à la culture par exemple. On ne peut que lui dire : « *Tu as découvert dans ton corps un lieu de résonance avec l'attraction pour autrui. C'est la nature qui pousse un être humain à être constamment créatif, à chercher un autre en vue d'une fécondité. Mais la fécondité n'a pas à être entendue seulement sur le plan physiologique : ce peut être sur le plan psychologique, affectif, culturel, poétique... En fait, tu penses à quelqu'un?* » – « *Je pense à telle fille...* » – « *Eh bien, qu'est-ce que tu as fait pour lui dire qu'elle te plaît?* » – « *O ben..., j'oserai jamais, elle ne me regarde pas...* » – « *Mais puisqu'elle te plaît à toi, essaie de faire quelque chose pour lui parler...* »

Un enfant, fille ou garçon, qui est dans le cercle vicieux de la masturbation souffre de solitude et c'est cela dont on doit à la fois le déculpabiliser et lui faire comprendre le processus. Sa tension sexuelle n'est pas à négliger et doit le soutenir à atteindre l'objet de son désir dans la réalité, si difficile que ce soit.

Il s'agit de lui faire comprendre que la difficulté qui est sienne est celle qu'ont connue tous les hommes à son âge et connaissent tous les garçons et toutes les filles. En essayant de prendre contact avec l'objet de son désir, il fait l'expérience qui, même si elle échoue, vaut la peine d'être vécue : *« Peut-être telle fille (ou tel garçon) à qui tu penses ne réagira pas comme tu l'espères, mais tu seras fier (fière) de toi d'avoir essayé d'entrer en contact, et tu oseras chercher quelqu'un d'autre qui te comprendra mieux si tu échoues avec celle-là (ou celui-ci). »* Je prends cet exemple banal parce que, au moment de la puberté, il n'y a pas encore de discrimination : une silhouette, des cheveux, un regard, des sémillances partielles attirent les êtres l'un vers l'autre. C'est le commencement de l'appel, et c'est à cela qu'il faut répondre.

Mais il y a risque, risque de quitter les idéaux de papa-maman. Seulement, à quoi mène la culpabilité morbide si souvent entretenue? C'est vraiment l'éducation à la souffrance. La honte de soi-même devient alors valeur, et la solitude un refuge dangereux duquel certains croient sortir, en se lançant dans une fièvre scolaire qui fait reporter plus loin la question et les dangers de la connaissance d'autrui.

Les livres sont des médiateurs

F. A. – En pensant à cette étroite intrication du corps et des affects, je m'interroge sur la portée de tous ces manuels – parus ou à paraître – que l'on destine aux enfants.

F. D. – Les livres sont tout de même de médiateurs de langage. Mais à condition que l'enfant puisse en parler avec d'autres personnes. Un langage est fait pour rebondir : *« Si tu veux savoir une réponse, elle est peut-être dans ce livre, peut-être dans un autre... Aucun livre n'est bon, aucun livre n'est mauvais! L'auteur se rappelle les difficultés qu'il avait quand il était petit – et qui sont les difficultés de tous les êtres humains à ton âge – et il essaie de t'éclairer comme il aurait aimé être éclairé lui-même quand il était petit. Mais tu n'es pas lui et les réponses qu'il te donne ne sont peut-être pas celles que tu cherches, alors parle de ce que tu as lu à d'autres... »*

Alors, un autre auteur, un autre, un autre encore : aucun livre n'est assez bon pour être unique. Mais pourquoi pas, à côté des réponses verbales à une question d'enfant, de réponses de livres? Ce ne sont que le dépôt des paroles d'une personne tutélaire qu'il n'a pu rencontrer. Un auteur, c'est ça.

«J'ai besoin de gens de mon âge»

F. A. – Je repense à ce que vous disiez tout à l'heure : *«personne n'a de réponse pour les autres.»* Vivre avec une conviction pareille, cela demande des parents un certain détachement à l'égard de leurs enfants...

F. D. – La prématurité de l'être humain est telle que l'enfant voit dans ses parents l'image de lui-même adulte : il veut donc les conquérir, puis prendre leur place et les faire disparaître (il doit fantasmer leur mort pour se sentir apparaître lui-même dégagé de leur tutelle). De là vient tout le jeu de l'enfant et de ses parents : de l'enfant, qui doit donner la mort symbolique à ses parents; des parents, en qui l'enfant est mort réellement, mais qu'ils essaient de retrouver dans leurs propres enfants. Dans leurs enfants, les parents s'accrochent au fétiche de leur propre enfance périmée.

Une femme qui n'a pas de vie sexuelle génitale satisfaisante, et qui n'a pas d'amour échangé en paroles qui corresponde au niveau du désir d'adulte où sa question se pose actuellement, se sert souvent de son enfant comme ersatz d'une relation-à-l'autre. Ce faisant, sans le savoir, elle retourne à sa petite enfance, exactement comme un enfant suce son pouce. On dit : « *Quelle bonne mère, elle s'occupe de ses enfants, elle se sacrifie à ses enfants...* » Elle sacrifie quoi ? Elle sacrifie la génitude de ses enfants, en ne leur donnant pas l'exemple que, à l'âge qu'elle a, le rapport à ses enfants ne lui suffit pas.

Si les enfants disent : « *On ne voit pas assez maman!* », cela prouve qu'elle trouve ailleurs du plaisir. « *Je vous aime beaucoup, mes enfants, mais vous ne me suffisez pas. J'ai besoin de gens de mon âge...* » Alors, les enfants sont devant une vérité au lieu d'être devant une hypocrisie cachée. Ils se disent : « *Tiens? Alors, quand on est grand, on désire autre chose que quand on est petit, et notre mère se dérobe à nous pour quelque chose qui lui fait plus plaisir. Devenons grand : ça vaut le coup!* » Autrement, ce sont des familles où l'on s'enlise, qui sont une nursery généralisée, où il est tout le temps question de « *faire plaisir à maman* », « *dire tout à maman* » et où une confidence que l'enfant se risque à faire à l'un ou l'autre de ses parents est immédiatement divulguée par ce parent à son conjoint. Les parents font régresser alors artificiellement leur enfant à l'époque périmée de la confusion papa-maman.

Père et mère doivent prévoir le développement de chacun de leurs enfants en lui traçant au jour le jour, des possibilités de chemin vers la société. Cela ne les empêche pas de donner à chaque enfant la sécurité dont il a besoin quand il vient vers eux. Mais pas une sécurité *en* eux. C'est dès deux ans et demi-trois ans qu'une mère devrait dire à son enfant : « *Quand quelque chose t'embête, quand tu ne sais pas quelque chose, tu peux venir me le demander ou le demander à ton père* (et non à ton « papa » car, dans cette façon de parler, elle semble dire qu'elle est la sœur aînée, et vice versa, quand le père parle à son enfant de son épouse en la nommant « maman »). *Mais tu peux t'adresser à quelqu'un d'autre aussi bien qu'à moi. Tout le monde en sait autant que moi...* » – « *Ah, mais ce n'est pas vrai, il n'y a que toi, maman, ou toi, papa!* » – « *Tu le penses vraiment. Dans quelque temps, tu verras que ce n'est pas exact...* »

Tous les enfants de sept-huit ans, quand ils sont heureux, embrassent la personne qui se trouve là; quand il n'y a que leur mère, c'est leur mère. Mais c'est du feu, si leur mère les embrasse. Il vaut bien mieux leur dire en paroles : « *Mais oui, je t'aime, je suis contente que tu sois content.* » C'est bien plus que de les avoir embrassés. Eux, ils en sont encore à ce besoin enfantin d'aller au corps d'un autre dans un moment de joie. Mais la mère qui va au corps de son époux, ou de son amant, n'a pas du tout besoin d'aller au corps de cet enfant. Et lorsqu'elle est maternelle, elle sent très bien qu'il a besoin d'une parole qui soit une parole d'amour d'être à être.

L'enfant de quatre-cinq ans qui va dans le lit de ses parents – comme beaucoup d'enfants de cet âge qui veulent être sûrs qu'ils ont été petits – a besoin de paroles : « *C'est vrai, tu es né de nous.* » Il a besoin et il a le droit que ses parents lui disent la vérité, lui apprennent qu'il aura bientôt aussi le désir d'un autre à chérir... « *Oh non, maman, j'aurai jamais que toi!* » Et le père de rire : « *Heureusement que tu auras quelqu'un d'autre: ce n'est pas avec ma mère que je suis dans le lit!* » Les enfants vous disent cela : « *Maman s'est bien mariée avec papa : alors moi, je peux bien lui prendre papa!* » Mais la maman répondra : « *Je me suis mariée avec un monsieur qui n'était pas mon papa! Il est le père de mes enfants et j'ai quitté mon papa. Toi, tu feras la même chose.* » – « *Ah!...* » – « *C'est comme ça dans la vie, tu sais, on est malheureux un petit moment. Mais après, si tu savais comme on est heureux!* »

De quoi devenir autonome

F. A. – Ce n'est pas un langage qu'on entend souvent!

F. D. – C'est celui d'une éducation dans la foi : dans la conviction qu'un être humain a en lui de quoi devenir autonome, mais que nous ne lui permettons pas. Trop souvent les parents reviennent à la maison en disant : *« Ah, ce boulot, j'en ai marre, marre! »* Ils sont victimes de tout... Alors l'enfant se dit : *« Moi, j'suis pas encore victime, je veux pas grandir. »* Ou encore la mère, anxieuse, a peur de laisser jouer ses enfants dehors : *« Il va rencontrer des enfants qui vont parler comme ci ou dont les parents vivent comme ça... »* Alors que les enfants qui se trouvent dans une classe d'âge, c'est cette classe d'âge qu'ils doivent fréquenter et puis, au retour, parler à la maison des relations qu'ils ont avec des camarades qui n'ont pas la même éthique de vie.

En général, les parents ne pensent pas qu'ils doivent demander son avis à un enfant. *« Est-ce que tu veux du hors-d'œuvre, tu veux du plat? »* – *« Non. »* – *« Eh bien tu n'as pas de chance, aujourd'hui, il n'y a pas ce qui te plaît... »* Mais ce n'est pas une raison pour lui faire ce qui lui plaît ni pour l'aimer moins... C'est la foi, la conviction qu'il y a dans un être humain un désir et que ce désir, il trouvera bien le joint pour le satisfaire. Si on le laisse dire « *non* », il va bien un jour dire « *oui* » à quelque chose. Alors, le jour où il dit oui à quelque chose et que ce n'est pas vraiment dangereux dans l'immédiat, le mieux est de le lui laisser faire.

Mettons qu'un enfant veuille faire une acrobatie. La mère peut dire : « *J'aime mieux ne pas te regarder, parce que si je regarde, ça me fait peur. Mais fais-le si tu t'en sens capable. Tu as raison, mais je ne regarde pas...* » Voyez-vous, tout le temps, mettre l'enfant à distance pour qu'il prenne sa responsabilité. « *Et puis, s'il arrive un pépin, tu m'appelleras : je suis toujours là.* » Les enfants se disputent : « *Écoutez, mes enfants, j'aime mieux que vous vous disputiez sans moi. S'il y a des morceaux cassés, vous appellerez et je vous mènerai à l'hôpital...* » L'adulte ne peut donner à l'enfant ce dégagement, cette castration que si lui-même la vit par rapport à l'enfant.

Un enfant qu'on laisse à sa liberté, comme ça, au moment où il commence à marcher, mangera pendant huit jours très peu de chose, à la va-vite, parce qu'il est en train de découvrir que c'est intéressant de marcher, de toucher à tout. Huit jours après, tout revient dans l'ordre. Il a découvert son espace, il a tout manipulé, il est en sécurité. Il vient manger au calme. Pourquoi?

Parce qu'il a envie de s'identifier aux adultes. Le désir de s'identifier à la vie des adultes qui sont autour de lui, c'est inhérent à l'être humain. *« Pourquoi tant de souci pour qu'il mange? Pourquoi vos enfants ne mangeraient-ils pas si vous faites des repas un agréable moment pour tous, et surtout avec votre mari et avec eux? Mettez ce qu'il faut sur la table et laissez chacun se servir comme il veut... »*

F. A. – En vous entendant parler du désir comme vous le faites, avec cette conviction, je me dis que beaucoup d'éducations religieuses – en parant d' « absolu » des situations ou des êtres qui ne sont que relatifs – enchaînent l'enfant au lieu de le libérer. Ce ne sont pas des « éducations dans la foi », pour reprendre votre expression...

F. D. – L'éducation religieuse, ce devrait être constamment une éducation à la contradiction. Nous sommes tout le temps contradictoires. Les parents sont contradictoires : ils ne font pas ce qu'ils disent; ils ne disent pas ce qu'ils font. Même ceux qui voudraient être tout le temps en accord avec eux-mêmes... Dieu seul n'est pas en contradiction avec lui-même. Mais tous les êtres humains que l'enfant prend comme modèle sont pour lui des occasions de contradiction et – s'il sait observer – lui enseignent la contradiction par leur comportement. N'entend-on pas dire : *« Tu ne dois pas juger tes parents?»* Au contraire, dès qu'un enfant porte un jugement issu de sa propre observation, il doit être complimenté sur son intelligence.

Puisque c'est ce que l'enfant découvre du fait de ses perceptions, il faudrait, par le langage, lui confirmer qu'il a vu juste. L'aider à comprendre ces contradictions de la situation humaine où nous désirons l'absolu et où notre caractère nous entraîne tout le temps dans le relatif. J'appelle cela une *«éducation religieuse»* parce que c'est une éducation au désir et à la foi dans l'être humain, aussi décevant qu'il soit. C'est également l'éducation du désir différent des besoins. Il est très licite de prendre le plaisir de la satisfaction des besoins. Les désirs, eux – licites ou non –, ne sont jamais satisfaits.

«Cherche-le, cherche-le... Dans la voie où tu le cherches, tu trouveras sa limite. Et le jour où tu auras trouvé sa limite, ton désir rebondira vers un autre but!»

ÉVANGILE ET ÉDUCATION

Fragment d'une interview
parue dans la revue
« Approches », publiée
par Centre Documentation Recherche

La vocation de l'éducateur

« Je sais mieux que toi ce qui est bon pour toi ».

En effet, c'est ainsi que ça « carbure » chez un éducateur. Alors, là, nous sommes obligés de parler de ce qui fait la vocation d'un éducateur.

Un éducateur, en fait, est quelqu'un qui s'identifie à des parents vis-à-vis de leur enfant ou à un aîné devant des cadets sans expérience : il voudrait donner aux jeunes qu'il éduque son expérience.

Un danger pour l'éducateur comme pour les parents. Je crois que c'est valable quand l'enfant est tout petit, avant qu'il n'ait eu, en lui, l'usage dans le temps, dans son temps et avec ses égaux d'âge, dans l'espace de la cité, la possibilité de se conduire lui-même en se protégeant de trop grands dangers.

Mais, après, les parents comme les éducateurs devraient totalement changer. Ils ne devraient être qu'un exemple.

Laisser les jeunes trouver la réponse à leurs questions.

Toute l'éducation est dans l'exemple et dans les moyens laissés au jeune de trouver lui-même la réponse aux questions qu'il se pose, avec naturellement la liberté de toutes les poser sans que ce soit une obligation de dire tout ce qu'il pense.

Comment les adultes peuvent-ils donc aider les jeunes ?

En vivant la loi qui est la leur, en vivant la forme qu'a prise leur désir, en vivant leurs aspirations, en donnant l'exemple de gens heureux puisqu'ils ont choisi de vivre comme ils le font, mais sans dire à leur enfant :

> *« Ce que je fais ou ce que je te dis,*
> *Tu dois le faire »,*

Il n'y a qu'une grande loi : l'interdit de l'inceste. Car, en effet, il n'y a aucun ordre qui puisse être donné à un jeune pour sa conscience morale, hors l'ordre de la génitude. Il n'y a qu'une grande loi qui nous régit tous : l'interdit de l'inceste.

> *Je n'ai pas le droit d'engendrer un fruit vivant, charnel, avec mes descendants.*

Voilà la loi pour l'aîné et l'adulte géniteur ou qui se vit comme éducateur – c'est-à-dire comme un géniteur.

Et pour l'enfant :

Je n'ai pas le droit au désir charnel avec mes descendants : parents, oncle et tante, frères et sœurs.

Voilà la grande loi.

Malheureusement, les adultes n'acceptent pas que le jeune se libère de cette dépendance si touchante du début de l'enfance.

Le risque de tricher avec l'interdit de l'inceste.

Les parents voudraient garder une emprise sur leur enfant et faire porter les fruits de leur expérience dans sa pensée.

C'est tricher avec l'interdit de l'inceste. C'est là un grand tort, et l'enfant le sent. Tout ce qui lui a été inculqué par ses parents, il doit le lâcher : *« Quitte ton père et ta mère »*. Ce qui ne veut pas dire qu'il ne retrouvera pas leur héritage d'une autre façon, lui-même accouchant de ce qu'il aura entendu, non de ses parents mais de son expérience, d'autres gens dans la vie, à condition que ça ne soit pas obligatoire, que ça ne soit pas dans le courant d'une alliance amoureuse. Ce n'est pas possible, à moins que ce ne soit l'amour de Dieu directement, car Dieu est le Tout-Autre : il échappe à nos aspirations fusionnelles.

A chacun son cheminement.

Les adultes ont à donner l'exemple du cheminement de leur pensée quand ils pensent et parlent avec l'enfant. Pourquoi pas? L'enfant en prend ce qu'il veut. Mais il vit du fruit de ses propres expériences, celles qu'il partage avec ses amis, ses égaux. Il a une autre histoire que celle de ses parents et éducateurs, et c'est cette histoire qu'il doit métaphoriser dans ses actes, dans ses pensées. L'histoire d'un enfant, les expériences qu'il en tire, personne ne peut les connaître : même les parents qui ont vu vivre un enfant ne peuvent savoir ce qu'il en a vécu.

Jamais de bourrage de crâne.

Ce sont les échanges de propos en confiance qui sont formateurs, mais jamais le bourrage de crâne. Il faut même aider l'enfant à critiquer ce qui lui est dit : *la base de l'éducation, à mon avis, serait l'éducation à la contradiction inhérente à la conscience de l'être humain.* Que l'enfant soit éveillé à percevoir la contradiction entre le dire et les actes de chacun de nous, c'est-à-dire des adultes qui l'enseignent.

C'est exactement la même chose pour l'éducateur.

L'éducateur fait un cheminement, il a la foi.

Vous dites : « *Il est convaincu, la foi le soutient* ». Il encadre les jeunes parce que la vie est un danger, parce qu'il gagne sa vie comme ça, en leur donnant les moyens d'acquérir des armes pour la vie...

Donner la source où l'on s'est abreuvé.

L'éducateur chrétien, lui, pense que la foi est une arme formidable. Mais, cette arme, où l'a-t-il prise? Dans l'Évangile. Il n'y a qu'une chose qu'il puisse donner : l'Évangile, c'est-à-dire la source où il s'est lui-même abreuvé. Le jeune fera de cette lecture ce qu'il aura à en faire; ça ne regarde pas l'éducateur.

L'éducateur, pour les jeunes, est un moyen; et s'il n'est pas un exemple, ils ne l'estiment même pas. C'est un rôle qu'il a. On le respecte mais on ne « gobe » pas tout ce qu'il dit ou tout ce qu'il fait.

Malheureusement, un jeune identifie bien souvent ce que l'éducateur lui donne (l'Évangile, dans notre cas) à la personne elle-même de l'éducateur. Or il doit refuser la personne de l'éducateur puisqu'il doit, face à elle, affirmer sa propre personne dans la différence.

Un son vrai d'un entretien vrai.

L'éducateur dont vous parlez voudrait imposer *sa* manière propre d'avoir confiance, cette confiance basée sur ce qu'il comprend de l'Évangile. Certes, qu'il en parle tout simplement au jeune quand celui-ci le questionne : « *Toi, qu'est-ce que tu as dans la vie? Pourquoi fais-tu ce métier-là?* », car les jeunes posent des questions comme ça. L'éducateur, alors, lui donnera l'Évangile en lui disant : « *C'est là que j'ai pris ma force* ». Et si le jeune s'aperçoit que l'éducateur ne cherche pas à le contaminer de sa manière de vivre, peut-être ne s'éveillera-t-il pas à la foi ce jour-là, mais il aura tout au moins entendu un son vrai d'un chrétien vrai.

L'éducateur et l'incroyance des jeunes

Le véritable christianisme est l'Évangile et la liberté du désir dans son impact social.

On ne peut pas livrer le christianisme : ce serait de l'enrôlement militant, de la subjugation, du viol de la conscience.

Le véritable christianisme est l'impact social de la liberté du désir informé par l'Évangile. Non un groupe de gens qui « gueulent » tous la même chose en même temps.

On ne peut que donner des textes à un jeune.

Les textes portent une richesse inouïe. Mais

on ne peut pas donner la glose à laquelle on est parvenu autour de ces textes.

Je ne suis pas votre éducatrice. Quand vous me sollicitez, nous parlons ensemble, mais ce que je dis, les gens qui m'entendent peuvent le démolir et dire : « *Ce n'est pas du tout comme ça que je comprend l'Évangile; cette femme se gourre complètement.* » Tant mieux s'ils réagissent ainsi : nous communiquons les uns avec les autres sans croire que ce que nous communiquons est *la* vérité. Mais si nous nous sentons en vérité quand nous communiquons nos pensées, c'est qu'une vérité passe, une petite vérité avec un petit v, la vérité d'un être humain qui, dans son histoire, a rencontré quelque chose, quelqu'un, et en témoigne. Ce témoignage doit être mis en doute par les autres. Et c'est en le mettant en doute que quelque chose passe de la grande Vérité avec un grand V, celle qui unit tous les humains et qui est en jeu. Mais nous ne savons pas quoi.

Un éducateur chrétien voit-il des enfants qu'il a élevés se détourner complètement du christianisme?

Quand nos enfants se détournent de la foi...
S'il leur a donné le lieu où sa foi s'est enracinée, le livre qui est trésor pour l'humanité, pour tout homme, chrétien ou non, c'est-à-dire l'Évan-

gile, il a en fait rempli sa tâche et il peut rester en paix.

Le jour où ces jeunes auront un fléchissement dans leur foi de vivre, dans leur foi en eux-mêmes (car c'est une foi de dire : « *Dieu n'existe pas* » ou « *Le Christ, c'était bon pour une époque* »), le jour où ils diront : « *Et si Dieu existait?* »... alors, peut-être liront-ils l'Évangile.

L'éducateur se révélera chrétien en une seule attitude fondamentale : tolérer et être heureux qu'un autre ait assez de foi en lui, assez de confiance dans la vie, pour ne pas s'appuyer, en apparence, au même Dieu que lui.

Quand un jeune de quatorze, quinze, dix-huit ans flanque par-dessus bord tout ce qu'il a reçu (y compris ceux qui ont fait semblant d'être ses parents), il est important de savoir que c'est ainsi qu'il *gagne* la foi en lui et qu'il devient authentiquement responsable de lui-même. C'est un signe que, justement, Dieu est en lui.

Peut-être que, arrivé à l'âge de l'éducateur, ce jeune s'interrogera : « *Tiens, celui-là avait trouvé la réponse là-dedans... je vais regarder.* »

Lire l'Évangile en situation de désir.

Il comprendra sans doute l'Évangile tout autrement que nous, mais sa lecture aura été vivifiante, car l'Évangile est un livre qui apporte à tout être humain une réponse à ses questions s'il le lit en situation de désir.

L'Évangile, en effet, apporte aux souffrances du désir leurs justifications. Il apaise la soif du sens du sacré de la vie, cette soif qui existe dans les consciences humaines, quelles qu'en soit la qualité, l'âge, la culture, l'histoire, soif qui n'apparaît qu'aux moments de détresse de la foi en soi-même. Il faut avoir passé par ces épreuves (et il n'y a pas d'âge pour y passer), pour que l'Évangile paraisse le livre qui répond au désir qui se cherche.

Chacun, s'il a soif peut et sait étancher sa soif.

Oui, à partir de chacun, à condition que tous ceux qui jouent le rôle de maîtres aient reconnu dans chacun la capacité de lire, sans grille, sans direction de lecture. Chacun, s'il a soif, peut et sait étancher sa soif. Eh bien, l'Évangile est parole et acte de vérité. Celui qui cherche la vérité trouve en le lisant ce qu'il cherche : pas toujours une réponse, mais toujours une ouverture nouvelle.

Ne sur-infantilisons pas les enfants

L'adulte se croit supérieur aux enfants.

Les éducateurs agissent avec des enfants, lesquels sont encore riches de désirs (donc plus avancés que les adultes ou pas encore arrêtés comme eux) et ils veulent les prémunir contre dangers et échecs. Aînés, ils se croient supérieurs aux enfants, mais c'est souvent faux.

Nous mettons au monde des êtres humains plus ou moins doués que nous; nous prenons contact, au cours de notre vie, avec des humains qui nous dépassent en valeur humaine... Tels sont bien des enfants et des jeunes qu'un psychanalyste rencontre dans son métier et qu'il sent bien supérieurs à lui, déjà, en expérience, en souffrance, en foi, en amour.

« *C'est jeune et ça ne sait pas.* »

Dans notre société, nous assistons à une surinfantilisation des enfants. Sous prétexte qu'un adulte est dans un corps d'adulte, il croit l'enfant moins valeureux que lui et il le traite en incapable. Certes, l'enfant a un corps moins aguerri que celui d'un adulte, mais il a parfois un sens de la vie, une intelligence, une rectitude, une richesse potentielle, une force neuve de désir, beaucoup plus grandes que ce qui en reste chez l'adulte.

L'adulte un geôlier?

L'adulte se croit vigilant, alors que la plupart du temps c'est un geôlier. Il s'imagine tout savoir de ce qui est bon pour l'enfant : il le manipule; lui dénie la liberté de se conduire; le met dans une boîte étroite, le maintient par intimidation esclave de son pouvoir; lui donne l'angoisse de se dérober à son autorité.

Pourquoi une telle attitude chez l'adulte?

L'adulte n'a pas assez de foi dans les jeunes qu'il éduque. Certes, comme tous les mammifères vis-à-vis de leurs petits, il doit sustenter et abriter leurs corps jusqu'au moment où ils seront capables de le faire eux-mêmes. Mais le désir, l'imagination des actes que suscite en eux le désir, ne devrait-il pas leur en laisser la totale liberté, faire confiance?

Chacun a son chemin à faire.

Cet enfant qui est là, quel qu'il soit, sait ce qu'il a à faire.

Le problème de l'éducateur est de laisser, justement, l'œuvre de vie se faire à travers un être humain qui prend des chemins à lui et se risque dans des expériences qui déroutent l'adulte. Mais ces chemins et ces expériences déroutent-ils l'enfant? La réponse à l'interrogation de la vie ne doit pas apparaître à l'enfant à travers les dires de l'éducateur, ou la morale du groupe, mais à travers une expérience qu'il est libre de faire.

Si l'enfant se sent lui-même dérouté, sans se sentir coupable vis-à-vis de l'éducateur d'avoir échoué dans son entreprise, de s'être trompé sur lui-même, d'avoir préjugé de ses forces, il reviendra de lui-même à qui lui paraît plus expérimenté pour lui demander aide et conseil, expliquer sa déconvenue. Alors, l'éducateur peut l'aider, sans l'obliger à prendre tel ou tel chemin, sans le détourner du chemin où son désir l'appelle.

Chacun a son chemin à faire, étant donné son histoire, étant donné ses parents, étant donné l'appel qu'il sent en lui inconsciemment et qui le mène à se connaître et à se trouver à travers les difficultés, les plaisirs et les souffrances que son comportement lui fera rencontrer.

L'enfance est l'engendreur de la sagesse de l'adulte.

La morale et l'angoisse morigénante de l'adulte ne peuvent qu'étouffer la flamme du désir de ce jeune frère humain, dont l'imagination soutient les potentialités créatrices d'actes projetés, dont les paroles anticipent la réalisation.

En effet, lorsqu'il parle de ses projets, ils sont parfois très risqués. Mais si, au jour le jour, il reçoit de l'adulte confiance en lui-même, en étant écouté, avec la possibilité d'en parler tout haut, il trouvera lui-même, au fur et à mesure de ses actes, surtout s'il n'a pas été culpabilisé, les freins nécessaires à la prudence, à la conservation de lui-même...

On ne meurt que le jour où l'on doit mourir.

Le malentendu fondamental

Nous malentendons le sens de la vie contenue dans l'être, l'agir, et dans la parole des autres.

Nous malentendons le Verbe parce que nous malentendons les paroles.

Nous malentendons tout le temps la Parole de Dieu, ordre du désir toujours présent, quand nous briguons de vivre à notre seul service de besogneux craintifs, les uns et les autres. La Parole de Dieu nous est dite beaucoup plus par les enfants dont l'existence même est l'Écriture en acte. Nos paroles, dites par nos gosiers humains, sont perception sonore, fioriture ou déchet du Verbe, dont toutes les langues sont l'ombre auditive.

Nous malentendons toujours le Verbe, parce que nous malentendons les paroles.

Nous voudrions que les enfants et les adolescents entendent la Parole comme nous l'entendons, nous, alors que notre rôle est de leur transmettre l'Évangile, et pas du tout de savoir comment ils l'entendent, eux.

Tenez, prenons l'exemple de la souffrance.

Comprendre la souffrance du jeune pour qu'il retrouve foi en lui, décode sa souffrance et la rend utile.

Les enfants et les jeunes se rendent comptent que leurs éducateurs témoignent d'un savoir concernant la souffrance et, s'ils ont confiance, ils confient leurs souffrances. Mais c'est une chose notre savoir sur la souffrance, et une autre la souffrance que nous confie un jeune. Rien ne sert de lui prédire : « *Tu souffriras dans la vie* », rien ne sert de lui donner notre solution. A nous, simplement, de lui rendre confiance en lui, de compatir, de lui redonner joie pour qu'il trouve lui-même la solution : à lui de décoder le sens de sa souffrance.

Il y a des souffrances inutiles qu'on peut éviter et il y a des souffrances utiles qui sont inévitables. La sienne est-elle utile ou inutile? Nous n'en savons rien.

Les souffrances pathogènes sont des souffrances inutiles.

La souffrance utile est inévitable pour croître et se développer. Personne ne peut l'empêcher. Il est même pervers de dénier à quelqu'un la valeur de sa souffrance, de l'en culpabiliser, ou de l'abandonner sous prétexte que nous sommes impuissants. Nous ne sommes pas totalement impuissants, si nous sommes là pour l'écouter et pour lui redonner confiance dans l'utilité de cette souffrance. Car par l'écoute et le dialogue, il devient sujet de sa souffrance et transforme la souffrance pathogène en souffrance utile. Ainsi, l'entraide humaine soulage les humains souffrants.

Ne pas écouter un être humain qui souffre, c'est lui dénier la dignité d'être humain. Une épreuve dans l'ordre des choses, ou dans leur désordre, fait de nous des membres souffrants pour et avec tous : nous souffrons tous de la même chose, de l'impuissance de notre chair, de l'impuissance de notre intelligence, de l'impuissance de notre cœur.

Les éducateurs sont confrontés à leur propre angoisse, devant tel enfant qui n'en éprouve pas, devant les risques qu'il court peut-être. Il est comme un « ravi ». Il a confiance en lui.

Assumer notre impuissance.

Nous sommes, par les enfants, confrontés à notre angoisse, oui, en tant que parents, parce que l'enfantement nous a donné le sentiment leurrant d'une puissance, et que nos enfants sont la pierre de touche de notre impuissance.

Nous sommes toujours dans cette même situation en éducation.

Si l'éducateur s'identifie à un dresseur, c'est pour jouer de sa puissance, être fier de sa réussite. Certes, c'est bon pour les chiens, les chevaux et les séances du spectacle au cirque : ce sont des animaux en niche, en box ou en cage. Mais, ce qui fait la valeur de l'enfant et de l'homme, c'est la liberté créatrice, pas la soumission à un autre.

Il y a là de quoi méditer pour les éducateurs.

S'ils essaient d'être plus puissants qu'ils ne le sont, ils font fausse route.

Hélas, s'ils ont affaire à un faible (ou à un déjà affaibli par une petite enfance trop soumise), ils ont l'air d'avoir fait un ange, alors qu'ils ont tué sa liberté : ils en feront une bête soumise à plus ou moins longue échéance.

Vivre notre impuissance de façon créatrice.

Nous pourrions peut-être vivre notre impuissance de façon créatrice. Je crois même que c'est ce que l'Évangile nous enseigne. Tous les humains sont impuissants. Dieu seul est notre recours. C'est Jésus de Nazareth qui nous relie à ce recours, par-delà la détresse de son appel à lui qui, dans sa souffrance, a tout donné à celui dont il s'est senti totalement abandonné.

Par le baptême, ne sommes-nous pas égaux? Par l'Eucharistie, Jésus ne se fait-il pas chair de la chair qui le consomme? Tout autre est donc notre égal. Et parfois, si nous savions l'écouter au lieu de l'endoctriner, cet enfant que nous éduquons, nous nous apercevrions qu'il est notre supérieur, bien qu'il l'ignore lui-même.

La supplique à Dieu que Jésus nous a enseignée à dire, c'est la crainte du mal : « *Délivre-nous du mal* » précédé de « *Ne nous soumets pas à la tentation.* »

J'essaie de comprendre le « *Ne nous soumets pas à la tentation* », puisque depuis quelques années on nous a demandé de suivre cette traduction au lieu de « *Ne nous laisse pas succomber à la tentation* ».

« *Ne nous laisse pas succomber à la tenta-*

tion », ne serait-ce pas comme un parent ou un ami à qui on dirait : « *Donne-moi la main, s'il y a un piège que je ne tombe pas dedans* » ?

« *Ne nous soumets pas à la tentation* », est-ce que cela veut dire que, pour l'être humain, sa pensée de Dieu, source de sa vie et donc avec elle de son désir, pourrait le soumettre à l'inutile épreuve ? Ne serait-ce pas notre manière d'interpréter l'idée de Dieu ou de son désir qui pourrait nous induire à tomber dans un piège ?

Il ne peut y avoir de vie sans tentation.

ÉDUCATION AFFECTIVE

MATERNITÉ ET PATERNITÉ HUMAINES

Devenir père ou mère naturel ou légal, tout adulte, tôt ou tard, désire le devenir. Chez la femme, cela engage les individus, de quelques instants à quelques mois, quant à leur corps, cela peut engager leur vie économique, du moins la loi y veille, pour alléger les dépenses de la collectivité. Mais la maternité et la paternité humaine engagent aussi leur vie affective, jusqu'à l'âge de la puberté de leurs enfants.

Mais que fait-on pour l'éducation des garçons à leur responsabilité affective, pour les préparer à leur responsabilité symbolique paternelle? Les filles pour les préparer à leur responsabilité maternelle et conjugale, affective et symbolique, formatrice des garçons et des filles? Rien. C'est de huit à treize ans qu'une société devrait s'occuper de cette formation. A l'âge des amours et de la formation professionnelle, c'est trop tard.

Mais, pour qu'à huit ans, filles et garçons puissent être aptes à l'éducation en société et au désir de s'instruire (l'instruction est la seule prestation jugée nécessaire aux enfants par les institutions sociales actuellement), il faut qu'au foyer parental les enfants aient été préparés par père et mère à la conscience de leur personne, aux devoirs vis-à-vis d'eux-mêmes, aux droits qui sont les leurs de par la loi, devant laquelle ils sont des citoyens, en valeur égaux à leurs parents, sinon encore en âge.

La dépendance aveugle à l'égard du couple parental, souvent immature et de ce fait narcissique, sinon pervers vis-à-vis de sa progéniture, est pour beaucoup d'enfants en fait due à la loi; personne ne leur dit que c'est faux. Les enfants d'âge scolaire ignorent que leurs parents ont de par la loi des devoirs envers eux, devoirs qu'ils auront à leur tour vis-à-vis de leurs futurs enfants. Les enfants ignorent ainsi que leurs maîtres n'ont pas le droit de les humilier, de les violenter et que, ce faisant, ils ont peut-être des excuses personnelles, mais que leur exemple n'est pas à suivre, car ils ne se comportent pas en adultes dignes de ce nom, quelles qu'en soient leurs raisons.

Les enfants ne savent pas non plus que l'école, les hôpitaux, la police, ce sont leurs parents qui en paient les frais, et que ces institutions sont, en principe, à leur service autant qu'à celui des adultes. La société, telle qu'elle se présente aux citoyens sortis de l'enfance (sept-huit ans), est pour la plupart d'entre eux à l'image que pères et mères leur en ont donné – formes d'adultes qui ont sur eux pleins pouvoirs. Cet état de choses provient de la carence éducative des premières années, celle-ci de l'absence de symbolisation des pulsions sexuelles des adultes devenus parents.

Car ce n'est ni la parenté naturelle ni la parenté légale qui forment un enfant, garçon ou fille, à sa conscience personnelle et à sa vie de citoyen. Subir l'autorité d'où qu'elle vienne, développer le grégarisme et l'imitation les uns des autres dans une interrelation de dominé et de dominants, c'est le propre des individus dans les sociétés animales. L'individuation de chacun selon ses goûts, ses désirs, ses capacités, le respect des différences qui, seules, permettent à chaque être humain de développer le meilleur de lui-même, chacun développant ses caractéristiques personnelles selon ses désirs et les plaisirs créatifs et langagiers qu'il en retire, telle devrait être l'éducation de chaque enfant, non seulement en famille, mais tout le temps de sa formation.

Cela exige chez les adultes non seulement l'exercice de leur libido génitale et des pulsions prégénitales sublimées au service de la libido génitale, mais encore la symbolisation de tout ce qui ne se satisfait pas des pulsions génitales dans les relations entre adultes et qui, refoulé sur des positions régressives éthiques, anales et orales, sans l'option sociale dominante sur le narcissisme individuel, se mettent au service de l'autorité possessive anxieuse de leur progéniture qui, en âge d'échapper à leur climat dévitalisant, voient leurs désirs d'autonomie et d'initiatives personnelles empêchées ou culpabilisées. Leurs désirs sexuels, qui les appellent hors de la famille à la recherche de partenaires d'amour, leur désir de s'assumer économiquement, sont réprimés au nom d'études prolongées qui, sans l'ouverture aux autres, retardent et compromettent gravement leur évolution morale et sociale, par manque d'expérience affective et sexuelle à temps; laquelle ne peut s'acquérir qu'au jeu du désir, ailleurs qu'au foyer familial et loin du couple parental.

Mais la psychanalyse nous a appris que ni la parenté naturelle ni la parenté légale, à elles seules – si l'une donne un corps individuel et l'autre un nom social à l'enfant –, ne forment la cohésion personnelle qui permet l'accès à l'autonomie, au langage d'échange et d'expression individuelle, ni l'intégration de cet individu en tant que coopérant avec les autres à la société.

C'est le don du meilleur d'eux-mêmes, de leur présence attentionnée aimante et prévoyante à leurs enfants tout petits, c'est le savoir de leurs besoins, la compréhension de leurs désirs qu'ils ont à initier au langage des paroles et des gestes, par paroles véridiques des adultes, conformes à leurs actes, par l'exemple, et non par des conduites répressives et des discours moralisateurs, scandés de répression. C'est cela qui forme les petits d'hommes à la confiance en eux-mêmes et dans les autres, qui forme l'individu à l'autonomie conservatrice et créatrice de sa personne intégrée à son groupe social et y coopérant.

C'est la maternité et paternité symbolique, effet du désir génital ainsi arrivé à maturité de procréation, qui suscite la filiation symbolique chez leurs enfants. Ce n'est pas le développement physique et le savoir d'entretenir et de conserver son corps en bonne santé qui constitue le tout de l'élevage des êtres humains.

C'est d'abord la sécurisation de l'enfant dans la confiance qu'il peut avoir en son corps et la connaissance de ses sensations et de ses activités au contact chaste du corps des parents, tolérants à ses manifestations maladroites et initiateurs à sa coordination motrice et langagière. Ensuite, avec le développement neuro-musculaire et la découverte de la marche, c'est la distanciation progressive du corps de l'enfant à l'assistance physique du corps des adultes, l'accès dans la sécurité de leur vigilance attentionnée à sa découverte de l'espace et à sa maîtrise que soutiennent chez le père et la mère le respect de l'enfant, la tendresse et la chasteté des rapports de corps à corps auxiliaires, encore nécessaires pour soutenir le désir de l'enfant à conquérir son auto-gouverne, à connaître et à satisfaire librement ses besoins, à assumer ses désirs, à en discriminer les plaisirs, les peines et les difficultés, possibles ou impossibles encore à surmonter pour lui, et à découvrir la joie avec les autres, qui étend son monde d'agir et de communiquer, au-delà de sa cellule familiale, à la société avoisinante et à la rencontre de ceux de son âge.

C'est la mise en langage avec les parents de toutes ses expériences, chacun selon les sublimations féminines et masculines, dont ils donnent l'exemple dans leurs comportements, à l'imitation desquels les enfants désirent s'initier.

C'est l'inventivité des jeux, les trouvailles industrielles et ludiques, où père et mère collaborent, attentifs à apporter leurs conseils techniques, c'est la créativité partagée avec des camarades, les rivalités et la coopération dans laquelle, encouragés et éveillés à la prudence, les enfants aiment à risquer leurs pouvoirs grandissants, sûrs qu'en cas d'échec ils trouveront consolation auprès de leurs parents et moyen de tirer profit des expériences manquées, car l'imagination des enfants fait souvent fi de la réalité qui crée, à leur impuissance, des obstacles formateurs parfois éprouvants.

C'est aussi, au jour le jour, les observations des adultes, des autres, de soi-même, la découverte de la sexualité, de ses plaisirs, de son rôle dans la formation des couples, dans la venue au monde d'enfants. C'est également la découverte du phénomène de la mort, des lois auxquelles les parents que l'on croyait tout puissants sont autant que l'enfant soumis, la loi de l'interdit de l'inceste et les lois de la société, le rôle de l'argent, les rôles divers que jouent les adultes dans cette société, leurs responsabilités, leurs droits et leurs devoirs, qui limitent chez les adultes le règne du bon plaisir.

Tout cela implique colloques ouverts, paroles justes, sentiment de sa valeur et fierté de son sexe, délivrés, au jour, le jour à chaque enfant qui se sait intégré par les lois qui règlent les désirs dans leurs expressions où chacun prend du plaisir sans nuire à celui des autres.

Ce sont les parents qui, par leurs paroles et leur comportement, font comprendre aux enfants combien la vie d'adulte est attirante et que c'est à l'école, aux activités de loisir, dans l'amitié avec les autres de leur âge que, comme leurs parents à leur âge, ils peuvent apprendre tout ce qui les questionne. Père et mère, se soustrayant alors à la dépendance de l'enfant, lui donnent l'exemple d'acquérir la sienne.

On se retrouve en famille, chacun apportant jour après jour de ses occupations, de ses plaisirs, de ses difficultés, de ses réflexions, de ses relations sociales, la vie de communication qui fait le climat du foyer. On se partage les charges familiales, on fait des projets pour les jours de congé –, chacun selon ses capacités et son talent aide à la maison, coopère..., les enfants comme les adultes n'empiétant pas sur la liberté les uns des autres.

C'est le climat de la vie de famille, au sens symbolique du terme, où chacun trouve sa place et, après les séparations où son âge et ses intérêts l'attirent, le plaisir de se retrouver et d'être ensemble jusqu'au moment d'échapper à la tutelle parentale, de choisir sa voie, en en prenant les risques. Tâche personnelle actuellement difficile pour les adolescents, auxquels la société n'accorde le droit de gagner leur subsistance qu'à seize ans révolus, d'échapper à la dépendance des parents qu'à dix-huit ans, alors que beaucoup d'entre eux, à douze-treize ans, devraient échapper de leur plein gré, si les institutions sociales les comprenaient, à la régression imposée à leur libido par leurs parents réels, carencés au point de vue symbolique, qui les retiennent dans la dépendance infantile.

Le statut de sujet, c'est tout petit déjà que, au jour le jour, l'enfant doit sentir son père et sa mère le lui délivrer, au lieu de le conserver objet de leur bon plaisir et, par leur angoisse ou leur autoritarisme, maintenu dans une dépendance qui retarde et pervertit l'enfant, en le soustrayant aux contacts formateurs de ses expériences personnelles, dans ses initiatives et la fréquentation précoce des autres enfants et de la société, qu'au nom de leur névrose, ils lui inculquent la méfiance de lui-même et des autres.

La libido, à tous les niveaux de son évolution, du fait chez l'être humain de son cerveau, de ses mains, de sa station verticale et de la fonction symbolique, est capable de développer ses pulsions sexuelles vers des sublimations où ces pulsions s'expriment en langage, industrie, art, organisation de la vie sociale. Ce sont, par le jeu de son imagination, de sa mémoire et de ses facultés anticipatrices, les moyens de symboliser les désirs originés dans sa chair, en transcendant ses limites spatio-temporelles, à la recherche de création et de jouissance qui, au-delà de l'individu et de ses rencontres corps à corps, servent la société dans son ensemble.

La maturité gonadique, le désir de corps à corps génito-génital, la poursuite de la jouissance dans la rencontre sexuelle, la venue au monde de petits nés de l'union sexuelle, l'élevage des jeunes jusqu'à leur état adulte parachèvent les pouvoirs des individus de l'espèce humaine sur le plan charnel, comme des autres espèces de mammifères sociaux.

Mais chez les êtres humains doués de langage, la libido génitale est elle aussi, à distance des corps, source de symbolisation dont l'amour entre les partenaires sexuels est l'expression. L'interdit du cannibalisme, du meurtre et de l'inceste à l'égard de sa progéniture est la symbolisation du lien génétique. Mais de plus, chez l'adulte humain, la libido génitale, dont les pulsions prennent leur dynamique dans la maturation de ses gonades et son pouvoir procréateur, transforme l'instinct génésique en désir. Ce désir, après la puberté, trouve son expression symbolique dans la participation concertée des individus à des œuvres à l'impact économique et social, qui organisent pour chacun le champ de la réalité, non seulement pour le plaisir du présent, mais aussi pour l'avenir.

Inconsciemment ou consciemment, dès la puberté, s'ils savent ou peuvent faire le deuil d'une enfance effectivement révolue, et les parents libérer leur narcissisme de la possessivité de leurs enfants, les jeunes garçons et les jeunes filles, dès leur puberté, sont poussés à rompre avec la dépendance parentale, à cause du danger de la régression œdipienne et de l'angoisse de castration liée au réveil éventuel du désir incestueux, actif pour la mère, passif pour le père. Ils ont en effet à préparer leur indépendance économique et organiser les conditions qui leur permettront la sécurité de leur âge adulte, riches de l'expérience acquise chez leurs parents, et désireux à leur tour de prendre la relève.

Prévoyant, inconsciemment ou consciemment, leur progéniture, ces œuvres tant individuelles que sociales trouvent leur expression dans un désir qui vise autant leur intérêt personnel, celui de leur classe d'âge, qu'un intérêt qui les rend actifs dans la société, le travail et les options politiques où, réunis par familles d'esprits, ils contribuent à la *chose sociale*, tandis qu'entre eux, les individus recherchent des partenaires sexuels pour la jouissance de leurs désirs accordés, de corps, de cœur et d'esprit.

L'élevage de petits d'hommes qui, comme chez tous les individus mammifères, déplace une part de leur instinct de conservation individuelle sur leurs enfants, est chez l'être humain source de plaisir, où le narcissisme, conjoint à leur désir de couple parental, s'étend au sentiment de responsabilité et d'amour chaste au service de l'initiation de la jeune génération au langage humanisant et à l'acquisition assistée de leur développement individuel et social.

Ce sentiment de responsabilité de la génération montante, vouée à continuer l'œuvre de la génération précédente disparue, constitue chez les humains l'accomplissement de la libido génitale qui, chez les hommes et les femmes, apporte des soucis mais aussi des plaisirs et, chez les parents, les jouissances de l'âge mûr et de la vieillesse, au contemplé de l'œuvre de leur vie qui, dans leur travail et dans leur descendance, s'exprime par-delà leur mort où leur destin d'individus s'achève.

L'inaptitude grandissante des enfants au langage et à la psychomotricité à l'âge de trois ans, leur retard psycho-affectif à sept ans, l'absence de maîtrise de soi et d'aptitudes intellectuelles, corporelles et manuelles à la phase de latence pour beaucoup, la délinquance et la violence des adolescents sont des effets de cette carence éducative, due à la névrose, à l'immaturité génitale des parents, autant qu'à leur impréparation à leur rôle tutélaire et formateur des petits, de la naissance à sept-huit ans d'âge, où la société prend le relais des parents par la méditation des adultes éducateurs, – la plupart d'ailleurs tout aussi carencés que les parents quant au contrôle de leur propre sexualité, en jeu dans leurs contacts formateurs pour les enfants.

Problèmes complexes certes, auxquels il faut aujourd'hui trouver des solutions médio-pédagogiques, sociales et politiques, au jour le jour. Mais problèmes qui sont la conséquence de l'irrespect de la vie symbolique des petits ou de son ignorance et de l'impréparation de ces enfants à leur propre autonomie, à leur dignité humaine, au cours de leur enfance.

C'est, dans les décennies qui viennent, aux femmes et à leur intelligence de cœur que reviendra l'immense tâche de réhabilitation humaine qui fait pour chacun, en son for intérieur, le sens de sa dignité et la qualité de sa vie.

C'est de la qualité individuelle de chaque enfant qu'est faite la *qualité de classe d'âge* d'une ethnie, et c'est de la qualité de chaque adolescent qu'est faite une société riche d'avenir.

C'est le sens de responsabilité maternelle et paternelle effectivement assumé au foyer vis-à-vis de chacun de leurs enfants qui est la pierre de touche du sens adulte de leurs options politiques et leur militantisme qui, sans cela, ne sont que des surcompensations infantiles ou adolescentes prolongées de leur irresponsabilité familiale, et nullement l'exercice d'une sexualité génitale dans ses sublimations sociales authentiques.

Or, jusqu'à présent, les hommes laissent aux femmes le travail familial au foyer, auquel s'ajoute le travail rémunéré au-dehors et, vis-à-vis de leurs enfants, la responsabilité autant maternelle que soi-disant paternelle; bref, au foyer, c'est à la femme qu'est laissé le tout de la responsabilité (à moins que, jouant le rôle de la mère, ils assument encore moins, de ce fait, le rôle de père).

C'est la démission de la responsabilité paternelle, c'est-à-dire l'absence de paternité symbolique, dont font preuve les hommes d'aujourd'hui.

Comme ceux d'hier.

LE DESSIN DE LA MAISON
REPRÉSENTATION DE L'IMAGE INCONSCIENTE DU CORPS CHEZ LES ENFANTS

(intérêt de la connaissance de l'analyse d'enfants pour l'analyse des adultes psychotiques)

Ce qui permet d'appréhender l'image du corps inconsciente dans ce qu'elle a de stable et de vivable pour l'enfant, au moment même où il dessine, c'est, dans les dessins d'enfants, ceux de la maison et du cadre dont il l'entoure. L'enfant donne à voir ainsi, de façon allégorique, directement appréciable déjà, puis il donne à entendre lorsqu'il « raconte » son dessin, sa relation de sujet vis-à-vis des autres, par la façon dont il prête présence et affect aux différentes formes qu'il a représentées et qu'il anime par son dire.

C'est que la représentation de la maison et de son entourage dessiné est une allégorie tant de l'image de sécurité de base, actuelle, et dynamique chez l'enfant, que de l'image fonctionnelle, c'est-à-dire de sa relation langagière avec l'espace qui l'entoure et les objets, représentations des éléments cosmiques, atmosphériques, telluriques, des végétaux, des animaux et des personnes.

Au fur et à mesure de la croissance de l'enfant, l'image de sa sécurité de base s'étoffe des expériences sensorielles qui sont les siennes. Bien sûr, à condition qu'il se sente la liberté d'expérimenter ses nouvelles possibilités motrices et d'explorer l'espace. L'image du corps est langagière, alors que le schéma corporel est expérimental dans la réalité temporo-spatiale.

La maison représente allégoriquement la sécurité de l'enfant, à la fois dans son corps et dans les possibilités de relation de ce corps avec le monde, au sens large du terme. C'est pourquoi des enfants retardés affectivement représentent des maisons d'une époque révolue quant au schéma corporel, qui lui se construit par l'expérience motrice de son corps « chose vivante » dans la réalité spatiale.

Un enfant retardé affectivement n'utilise pas l'actuel développement neuro-physiologique de son corps dans la réalité, du fait d'inhibition, de névrose ou de psychose. Au contraire, il y a des enfants qui anticipent sur leur développement neurophysiologique, par la représentation de maisons plus développées que celles qui correspondent à leur schéma corporel actuel et on peut sans conteste dire que ces enfants sont déjà des artistes, qui symbolisent une image du corps, dont ils ont l'intuition, mais pas l'expérience.

Mais revenons aux dessins habituels des enfants, si caractéristiques qu'on le reconnaît aussitôt. On les reconnaît même par rapport aux dessins des adultes qu'on appelle les peintres ou les dessinateurs « naïfs ».

Les dessins d'enfants ont leurs caractéristiques propres jusqu'à l'âge de l'Œdipe, moment où, les images archaïques du corps étant refoulées, les dessins d'enfants en tant que tels disparaissent, et le garçon ou la fille de huit à neuf ans, d'âge à la fois affectif et civil, produit des dessins naïfs, mais plus des dessins d'enfants.

La maison évolue donc, comme je le disais, de la maison meule à une seule porte et une seule petite fenêtre ronde, à la maison rectangulaire, en largeur, au toit trapézoïdal que j'ai appelée la « maison sociale », en passant par la maison carrée ou rectangulaire en hauteur, avec un toit triangulaire, que j'ai appelée la « maison Dieu », parce qu'elle correspond à l'époque où l'enfant se sent maître de l'adulte, ou l'adulte son papa ou sa maman maître de lui et qu'il n'a pas encore découvert la société, où les hommes et les femmes ont des papas et des mamans. Et puis, l'allongement de cette maison en hauteur sert à la représentation de beffrois ou de clochers d'églises, tandis que le rappetissement, l'aplatissement de cette maison, sert à représenter les niches à chiens.

Un proverbe concernant l'éthique des comportements humains dit « qui veut faire l'ange fait la bête ». Eh bien, chez les enfants, la maison est une allégorie de ce que leur éthique inconsciente leur permet de vivre avec leur corps dans leur relation langagière à eux-mêmes et aux autres. En lisant ainsi leur représentation d'image du corps dans les maisons, suivant la facture qu'ils donnent à ces maisons, on peut dire que, pour certains enfants, posséder la puissance c'est s'en faire l'esclave.

Etre l'animal domestique de l'adulte, chef royal de droit divin, cela se lit dans la conservation, dans leurs dessins de la maison-Dieu au lieu de représenter la maison dans les caractéristiques de la maison sociale. Corps de la maison rectangle équilatérale, avec toit trapézoïdal à grande base inférieure. Une porte rectangle à côtés verticaux plus grands qu'horizontaux, et fenêtres à croisées. Une cheminée latérale à gauche ou à droite sur le côté horizontal supérieur du trapèze.

L'évolution du dessin de la maison est donc un moyen, pour l'enfant, d'exprimer presque directement, dans une grammaire des formes, le langage de sa relation libidinale à autrui et son niveau narcissique d'évolution.

Bien sûr, ces trois types de maisons sont dessinés avec des variantes. Il y a d'abord la présence de fenêtres, leur nombre, qui sont la communication sensorielle de l'enfant, ouvertes, fermables par des volets, tamisées par des rideaux, tout ceci est allégorie à sa façon même de se ressentir dans son contact intime à lui-même et dans ses relations maîtrisables de ses perceptions du monde extérieur. Il y a les cheminées qui fument ou qui ne fument pas. Combien d'enfants, lorsqu'ils racontent leur dessin, traduisent « ce que la maison pense », d'après la couleur [1] de sa fumée! Il y a les chemins qui ne vont nulle part, ou qui manquent, ou ceux qui ne vont qu'aux maisons de commerce alimentaire ou qui ne vont que dans le bois, la forêt, certains alors de n'y rencontrer personne de la vie sociale. Il y a aussi, sortant de la porte, un chemin qui se divise en deux directions, chacun allant à la rencontre de l'autre au-dessus du toit de la maison, ainsi enfermée sur elle-même.

Il y a aussi les chemins pleins d'obstacles, barrés. Une variante de la maison sociale, le rectangle allongé, c'est le château-fort, représentation défensive de l'image du corps, représenté sans toit trapézoïde, avec des créneaux, des dents, les tours, comme des maisons Dieu ou encore elles aussi, sans triangle, avec des créneaux.

Il y a aussi la pseudo-transparence de certaines maisons sociales et parfois des traits verticaux au creux des créneaux avec ou sans triangle à axe horizontal ou rectangle à axe horizontal qui laissent voir comme à travers le mur la lampe, la table familiale, et la place de chacun dans la relation familiale, c'est-à-dire la pseudo-vie sociale en famille, pourrait-on dire. Il y a, dans ces dessins des maisons, la façon dont elles sont ou non

1. *Cf.* une légende d'un dessin du dessinateur humoristique Peynet. Des amoureux, un train, un chef de gare : « Monsieur le chef de gare, s'il vous plaît, mettez la fumée rose, c'est ma fiancée », en la montrant.

implantées sur le sol, ou à l'intérieur d'un sol (une dite colline ou montagne) qui les enfouit.

Il y a le soleil, les nuages, le ciel, la lune, les astres, toutes ces images qui donnent à penser qu'il y a fort à dire. En effet, en cure psychanalytique, les enfants ont fort à dire entre la relation de ces formes avec les autres, et ce qu'elles veulent dire pour lui.

Il y a l'environnement végétal (herbe, arbres) et animal (oiseaux, domestiques ou sauvages, mammifères, serpents, escargots, poissons des rivières) qui agrémente ou dramatise cette représentation allégorique existencielle de l'enfant dans son monde actuel.

Je dirai de la maison qu'elle représente symboliquement, le pré-Moi de l'enfant, avant l'Œdipe, et que rien dans un dessin n'est laissé au hasard, pour aucun enfant. Tout est signifiant, pour peu qu'on y soit à l'écoute de ce que l'enfant fantasme, en racontant tout ce qui peut se dire à l'occasion de ce dessin, quand il le contemple après l'avoir fait.

Les différentes formes représentées sont comme des entités partielles des pulsions peut-être, des désirs concordants ou en contradiction, parfois des instances de sa psyché – ça, moi, surmoi – qu'il ressent inconsciemment, actuellement. Son être tout entier c'est le dessin dans son ensemble, le lieu qui, à son avis, le représenterait, est celui où le sujet y représente allégoriquement son éthique inconsciente. Ainsi : « Où, où que serais-tu dans le dessin? » Il répond : « Je serais la maison », ou « je serais le soleil », ou « je serais l'arbre », ou « je serais rien », ou « j'y serais pas ». Et les autres? et là qui ce serait? Et moi, j'y serais...

Ce qu'il dit d'emblée, ce qu'il répond aux questions ainsi posées, ça en dit long et cela permet aussi à l'enfant d'entendre, en entendant ce qu'il a dit, de se comprendre lui-même, dans sa relation aux autres, au monde qui l'entoure, aidé bien sûr en cela par l'attention et l'écoute du psychanalyste avec lequel il est en transfert.

A partir de l'Œdipe, la maison et son environnement deviennent un condensé d'observations réalistes des habitations que l'enfant connaît, observe, en remarquant certains détails, et qu'il cherche à reproduire plus ou moins maladroitement telles qu'elles lui apparaissent dans l'ensemble et avec ces détails pour lui caractéristiques. C'est tout différent des dessins de maisons d'avant l'Œdipe qui sont stéréotypées dans leur forme, et donc purement imaginaires.

Il y a aussi les maisons à roues, les voitures, les trains, les fusées, les engins utilitaires ou fantastiques, qui sont des projections du corps et on y retrouve les mêmes caractéristiques stéréotypées imaginaires chez tous les enfants jusqu'à l'Œdipe. Dans la représentation de ces engins mobiles, après l'Œdipe, c'est aussi, comme pour les maisons, tout différent. On assiste aux tentatives de représentation réaliste, où les moindres détails sont documentaires, utilitaires, technologiques même si les fantasmes s'en mêlent.

Il traduit son insertion sociale. C'est d'après les dires d'autrui, des images, des photos, que l'enfant a pu voir. Sa pensée est marquée, en même temps que son désir génital, par l'interdit de l'inceste qui a été intégré par lui et, à partir de là, par le possible et l'impossible dans la réalité, soit de l'individu solitaire, soit de l'individu en société. Entraide, coopération, rivalité intergroupe, ou jeux sociaux, sportifs.

Ses fantasmes archaïques, il ne les projette plus dans les dessins, il les fabule seulement pour lui-même pendant la masturbation. Les traces qui peuvent rester de ses fantasmes, dans les dessins qu'il produit, sont à rechercher dans ce qu'on appelle les fonds, dans les dessins colorés, les formes inconscientes qui construisent ses tracés qui aboutissent au remplissage d'une forme par la couleur, c'est là qu'on retrouve et qu'on peut analyser les éléments, maison-Dieu, maison sociale, maison meule.

C'est aussi les rêves de sommeil, qu'il raconte comme chez l'adulte, qui contiennent la représentation des images du corps du passé et les émois y correspondant chez les enfants à partir de l'Œdipe; les images de ces rêves en contiennent davantage que les dessins qu'il veut représentatifs de la réalité.

Pourquoi les dessins d'enfants perdent-ils leur facture spécifique avec l'Œdipe? Eh bien, parce que le refoulement agit sur les pulsions archaïques et sur le ressenti corporel du plaisir de ces pulsions. Le refoulement et aussi le Surmoi. Le moi les laisse encore transparaître dans les fonds dont il dit quand on en remarque ces formes partielles : « Ça, c'est rien, c'est par hasard. » Après la castration de ces désirs archaïques, les pulsions servent aux sublimations qui ne permettent pas le retour à la conscience réflexive de ces représentations spontanées qui correspondent à une libido périmée dans ses modes archaïques de plaisir.

Dans les dessins, l'enfant et l'adolescent expriment la représentation d'une libido sublimée dans des modes nouveaux de recherche de plaisir, où les pulsions, cependant semblables, sont autrement utilisées.

Mais les images du corps toujours inconscientes, dans leur structure refoulée continuent d'exister, contribuant à l'état de bien-être qui est la santé, état qui s'accompagne de satisfaction du plaisir de toutes les zones érogènes enracinées dans le passé; plaisir de la cuisine, pulsions orales sublimées, plaisir du sport, pulsions anales sublimées, dans le travail, dans la création au service du plaisir de tous les sens humains, et puis le plaisir sexuel, les rencontres interhumaines érogènes et la procréation le plaisir de l'élevage et de l'éducation des enfants. Tout cela s'exprime dans les dessins des enfants après l'Œdipe.

Mais, dans les cas de traumatisme, de conflits affectifs, il y a des régressions et ces images archaïques refoulées de l'image du corps réapparaissent. Les dessins de tels enfants présentent des formes aberrantes, des tracés chaotiques ou tremblés, des lacunes. L'insécurité inter-relationnelle provoque un mal-être dans sa peau, un mal-être mental, un mal-être affectif, et ces états de souffrance traduisent leurs régressions à des images du corps ainsi projetées dans le dessin, mais aussi par des troubles somatiques fonctionnels, ou des sensations d'angoisse localisées dans certaines zones du schéma corporel que permet de comprendre la connaissance de l'image du corps (relationnelle), telle que l'analyse des enfants par le dessin des petits en cours de croissance saine nous en permet l'étude.

C'est en effet dans l'ordre inverse de l'organisation successive de ces images du corps que la régression se fait. D'où l'intérêt de l'analyse de l'enfant pour former les analystes d'adultes névrosés dès avant l'Œdipe et pour comprendre les psychoses d'adultes et d'enfants, qui sont des désordres dans la cohésion et la hiérarchie pulsionnelles, en même temps que des désorganisations des images du corps néo-œdipienne et préœdipienne. Les psychoses, en effet, représentent des conflits pulsionnels, non seulement dans l'intensité des pulsions, mais dans leur localisation érogène aberrante dans les images du corps, par rapport au schéma corporel, par déplacement du plaisir, déplaisir, en absence de sensation ou en souffrance d'une zone érogène sur une autre; mais aussi les psychoses découlent de conflits entre des niveaux différents de l'évolution de ces pulsions chez l'individu. Ces niveaux correspondent à des modes de représentation de l'image du corps tel qu'on apprend à les connaître en analyse d'enfants.

Avril 1980

LETTRES SUR L'AUTISME INFANTILE

Mademoiselle,

Je ne peux pas ainsi vous faire un topo sur l'autisme infantile. Il y en a d'accidentels. L'enfant a été tout à fait sain et communicatif jusqu'à 4.5 mois – sourire – jaser. Jeter les choses – rire – etc – et espiègleries avec l'entourage –

Puis – et parce qu'il était un enfant affectivement très réceptif et intellectuellement précoce – il a été "traumatisé". Soit par une absence de la personne qui s'occupait de lui – sans que cela lui ait été <u>annoncé, avant puis redit à lui</u> les jours suivants et pourquoi – et qu'on se soit encore plus occupé de lui, cette personne lui manquant – Soit un deuil dans la famille qui a modifié le climat les rythmes. sans qu'on lui explique rien (encore là –

1.

Mademoiselle,

Je ne peux pas ainsi vous faire un topo sur l'autisme infantile. Il y en a d'accidentels. L'enfant a été tout à fait sain et communicatif jusqu'à 4-5 mois, sourire, jaser, jeter les choses, rires etc... et espiègleries avec l'entourage.

Puis – et parce qu'il était un enfant affectivement très réceptif et intellectuellement précoce – il a été « traumatisé », sans que l'on s'en soit aperçu la plupart du temps. Que peut avoir été ce « traumatisme », totalement invisible quant à ses « effets » sur l'enfant ?

Soit une absence de la personne qui s'occupait de lui, sans que cela lui ait été *annoncé avant, puis redit à lui* les jours suivants et pourquoi; sans qu'on se soit davantage occupé de lui en l'absence de cette personne, afin de soutenir sa présence aux autres dans le langage.

Soit un deuil dans la famille qui a modifié le climat, les rythmes, sans qu'on lui explique rien là encore. Il n'y a pas d'âge où l'enfant ne comprend pas ce qui lui arrive, *si on le lui explique.*

Soit l'isolement provoqué par une maladie, un ou plusieurs séjours à l'hôpital, que sais-je, déménagement, etc., modification d'espace, de personnes, de climat.

La thérapeutique consiste d'abord à rechercher très finement avec les parents, l'enfant présent ou non, la semaine où c'est arrivé, et monter dans l'histoire de la famille à quelques semaines avant le moment où l'événement est arrivé, pour parler de tout ce qui se passait alors avec la mère et avec l'enfant. (Si l'enfant est présent on s'adresse à la personne de cet enfant autant qu'à celle de ses parents, qu'il semble écouter ou non, comme à quelqu'un qui est *notre égal* et en sait plus long que nous les grandes personnes – pas de mots bébés – et en lui expliquant de quoi on suppose qu'il a souffert). Quand la mère et le père ont retrouvé et compris, c'est à moitié gagné, à condition qu'il n'y ait pas plus d'un an ou deux... et encore!

La naissance d'un nouvel enfant dans la famille ajoute à un autisme une dépersonnalisation, car l'enfant s'identifie au nouveau-né et déserte ses propres références sensorielles à lui (il se dissocie).

Plus difficile à comprendre pour les parents, sont les enfants qui entrent dans l'autisme à l'occasion d'un avortement clandestin, d'une fausse-couche ignorée de tous, ou du début de grossesse de la mère, bien avant la naissance du nouvel enfant. J'ai pu voir un tel bébé. Cela ne datait que de 4 mois, deux semaines avant que la mère ne se sût enceinte, au 5e mois 1/2 de l'enfant qui avait 9 mois 1/2 au moment où je l'ai vu. Elle pensait que c'était le sevrage, car elle avait dû, étant enceinte, cesser de l'allaiter sur le conseil de son médecin.

Depuis ce jour, l'enfant ne l'avait plus regardée – sans rien marquer d'autre –, mais il vivait depuis totalement passif, sans aucun contact ni sourire ni bruitage (on l'avait cru sourd).

Quand j'ai eu compris que rien ne lui avait été expliqué, j'ai repris tout et mis en paroles à son intention ce que la mère m'avait dit. Il écoutait, les yeux rivés dans les miens, puis quand je me suis tue, il a renversé sa tête en arrière et hurlé de détresse. J'ai dit à la mère de le calmer par des *là, là...* et je continuai : « Je ne savais pas que tu avais tellement souffert. Je n'aurais pas dû écouter le Dr Untel. »

Au nom du Dr Untel, l'enfant se tut, regarda sa mère et hurla mais cette fois, *de colère*. C'est moi qui, alors, lui ai dit, quand sa rage se fut un peu calmée que « c'était terrible de ne pas pouvoir parler quand on est un bébé ».

La mère s'est alors souvenue que l'enfant l'avait mordue au sang, environ 2 jours après le sevrage brusqué, imposé par le Dr Untel et qu'elle l'avait grondé vertement. C'était cet événement qui avait établi, scellé, le danger de la relation maternelle dont je lui ai parlé. Sa mère était aussi attentive que lui et très émue.

Car c'était cette horrible tentation à parler de ce téter (mordre, tension du désir de téter) que provoquait le contact de la mère, contact devenu brusquement contradictoire à la bonne entente antérieure avec elle. Puisque à défaut de paroles son désir l'incitait à mordre – et qu'elle alors se fâchait – il croyait qu'elle ne l'aimait plus et, comme lui continuait de l'aimer, il avait préféré élever un mur d'indifférence protectrice – éviter d'avoir la tentation de communiquer avec elle. Ne plus la regarder pour supporter de continuer à vivre physiquement dans sa nécessaire promiscuité provocante au langage entre eux disparu.

Mais... le bébé suivant n'était pas encore né, et l'enfant n'avait que 9 mois 1/2. L'autisme n'avait commencé que depuis 4 ou 5 mois au plus. A la suite de cette seule séance psychanalytique, l'enfant a retrouvé rire, gazouillis, relation à sa mère et à son père, bref, intelligence et vitalité relationnelle en quelques jours. Il était reparti de plus belle comme un enfant d'excellente intelligence affective, alors qu'il paraissait morne et indifférent donc... « débile! »

La raison pour laquelle son médecin me l'envoyait était son hésitation entre le diagnostic d'autisme et de débilité, avec ou sans surdité. Laissé à lui-même, ce bébé devenait un autiste augmenté de psychose quand le suivant serait né. Il aurait, à la phobie de sa relation à sa mère, ajouté sa soi-disant jalousie, laquelle est toujours une identité perdue dans l'existence de l'autre, provoquant à s'y retrouver avant le traumatisme, le nouveau-né devenant un miroir-gouffre où disparaît aliénant son être à celui du bébé, ce qui reste de désir chez l'aîné, correspondant à son niveau de développement.

Il y aussi des enfants psychotiques dès le début de leur vie. Tout semble désordonné dans leurs fonctionnements nourriture/sommeil – ou jamais ils ne dorment –, vomissent, tout au contraire. Ce n'est *jamais la faute* des parents comme on le leur fait hélas croire. C'est souvent *du fait* de relations inconscientes perturbées entre les parents ou entre les parents et leurs parents ou entre les parents et la société.

De toute façon, cela n'arrive qu'à des êtres humains précoces et sensibles, parents comme enfants, chez qui la communication avec ce nouvel être humain, futur homme ou future femme, dont ils sont responsables, réveille des expériences précoces d'incompréhension, qui les ont rendus phobiques et secondairement délirants de persécution par autrui.

C'est le bébé qui exprime par ses bizarreries fonctionnelles la dissociation de toute communication langagière, l'état morbide symbolique de ses adultes tutélaires qui, grâce aux soins à lui donner, sont retenus à la réalité et, hélas, ne trouvent personne à qui parler de leur histoire et des épreuves que la présence de cet enfant nouveau venu réveille en eux.

Malheureusement, dans la vie de civilisés d'aujourd'hui, il n'y a pas place et temps pour ces êtres humains sensibles aux réactions déroutantes, ni respect pour leur mode bizarre de comportement, expression de la relation parent-enfant inconsciente. C'est secondairement que ces bébés éprouvent l'angoisse qu'ils suscitent de la part de l'entourage social, qu'ils ressentent comme un rejet, et qu'alors se met à dominer en eux un désir de mort, c'est-à-dire un désir du sujet à ne pas vivre, dans ce corps trop difficile à assumer en se sentant rejeté et surtout sans communication.

On assiste alors à des comportements qui les mettent en danger : anorexie, fugue, automutilation. Surtout de nos jours, où la médecine empêche le corps en tant que tel de céder à la maladie. Que d'enfants qui, autrefois, seraient morts de maladie, qui sont maintenant empêchés de mourir, et même d'utiliser leur énergie vitale à lutter par eux-mêmes, au moment de la menace de mort réelle, contre l'agent de la maladie! Mais ils survivent par leur seul corps, encore plus perdus d'être hospitalisés sans la présence de mère et père, toutes relations de communication disparues, et leur vie symbolique définitivement sans code de communication. Tout être humain les terrorise.

Pour ces enfants, le travail psychothérapique déborde beaucoup la seule relation à l'enfant, c'est pourquoi, sans une aide psychothérapique aux parents et aux frères et sœurs, on ne peut pas grand-chose.

Une famille est un tout solidaire. Tel enfant, pour des raisons symboliques, devient le lieu patent d'une difficulté émotionnelle qui, en fait, permet au reste de la famille de rester adaptée aux nécessités des échanges. La famille souffre de l'enfant psychotique, mais l'expérience montre que, si l'enfant retrouve un ordre fonctionnel, perd ses réactions phobiques, bref commence à s'adapter à la société des enfants et va donc vers sa guérison, c'est la famille qui, à tous les niveaux, est perturbée, les parents et les autres enfants présentant alors divers symptômes de décompensation.

Ceci est très troublant et exige encore beaucoup d'études de psychanalystes visant à décoder l'origine de cette entraide des inconscients de chacun en famille que représente chez un individu nouveau-né la psychose assumée inconsciemment par lui seul – point focal de tout ce qui du désir de mort et de la force des pulsions refoulées des autres de sa famille est absorbé par lui. Sa sensibilité est comme comblée de ce qu'il reçoit ainsi dans sa relation aux autres (la mort n'existe pas pour l'inconscient) et il vit, pourrait-on dire, en jouissant de l'annulation constante de son désir libidinal par lui-même, dans un jeu autiste de son désir qui, muet, se satisfait et jouit de représentations seulement mentales. C'est comme la plus radicale d'une masturbation continuelle, ou presque, qui absorbe l'imagination au griffon de son désir de communication et fait se déserter toutes les avenues perceptives de la réalité espace/temps, sur lesquels tous les autres, les humains, sains ou névrosés, sont accordés.

Dans l'autisme d'un enfant d'au-delà de 5 ans, l'être humain vit une relation démentielle à toute la société en lui, et non extérieure à lui, en état de totale satisfaction. S'il ne souffre pas, si rien ne lui « manque », puisqu'il se sent être *tout,* on peut se demander si cet être heureux et si bien portant de corps, comme ils le sont tous, désire encore quelque chose.

Si un enfant autiste recherche, après qu'il l'a une ou deux fois rencontré, la présence d'un psychanalyste au contact duquel ses parents, désirant retrouver la communication avec lui l'ont conduit, il y a un espoir que la psychanalyse permette à cet enfant l'effort de lâcher son monde intérieur, grâce à cette ébauche d'attachement à la personne qui a accès à son inconscient.

Mais, il faut le savoir, les parents (qui n'ont aucun tort conscient, ni inconscient à son égard – et il faut qu'ils le sachent) doivent être soutenus par un autre psychanalyste que celui de leur enfant, afin de supporter le retour de celui-ci à la communication. Car celle-ci, bien souvent, ne se rétablit vis-à-vis d'eux que bien après que ce garçon ou cette fille sont entrés en communication avec d'autres que ceux de leur famille. Cependant, c'est dans leur famille qu'ils doivent vivre jusqu'à ce qu'ils aient retrouvé leur histoire émotionnelle au contact de leur psychanalyste.

Si un autiste est élevé en institution, ce n'est jamais un psychanalyste à l'intérieur de l'institution qui peut être « son » analyste, car c'est le « manque » dans l'espace et le temps de la présence de cette personne qui est le levier du travail psychanalytique.

Mademoiselle, qui à son début est un événement passé
l'autisme est un état de perte
prudentielle de relation avec
l'entourage. Mais comme la
fonction symbolique ne cesse
d'être en action chez l'être humain,
le langage continue de s'élaborer
avec des éléments perceptifs [illegible]
[illegible] à chacun, ou la perte du
code de langage commun à ceux
qui entourent le sujet, et prenant à
lui son état délirant qui s'installe
le [illegible] parfois l'angoisse [illegible]
[illegible] mais parfois non [illegible]
Il faut savoir qu'un enfant autiste
c'est un ex-enfant précoce qui a
pris en à temps les éléments
langagiers (on ne lui a pas parlé
ce qu'il percevait). C'est très
difficile pour les adultes d'admettre
que nous devons parler à un bébé
pourtant de réalités comme à un
égal, surtout pourtant ce qui le concerne
et nous concerne à son égard.

2

Mademoiselle,

L'autisme est un état qui, à son début, est un évitement, puis une perte prudentielle de relation avec l'entourage. Mais, comme la fonction symbolique ne cesse d'être en action chez l'être humain, le langage continue de s'élaborer, avec des éléments perceptifs individuels à chacun, sans plus d'échange complice avec autrui, d'où *la perte du code* de langage commun à ceux qui entourent le sujet et, quant à lui, son état délirant qui s'installe et l'absorbe, parfois l'angoisse, le terrorise, le fait rire, mais parfois non, car il invente des gestes conjuratoires vis-à-vis de ses idées angoissantes qui l'apaisent.

Il faut savoir qu'un enfant autiste est un ex-enfant précoce qui n'a pas eu à temps les éléments langagiers (on ne lui a pas parlé, ce qu'il percevait). C'est très difficile pour les adultes d'admettre que nous devons parler à un bébé qui vient de naître *comme à un égal*, surtout pour tout ce qui le concerne et nous concerne à son égard.

Il y a des enfants entrés dans cette rupture de communication par accident. S'il n'y a pas trop longtemps, on peut, si les parents retrouvent l'époque – grossesse de la mère, fausse couche, absence de père ou mère pendant quelques jours, deuil familial, départ d'une personne sans que l'enfant en ait été averti, arrivée d'un animal domestique, ou mort d'un animal ou d'une personne, séjour à l'hôpital de l'enfant –, bref un événement insolite dont l'explication n'a pas été donnée à l'enfant. C'est comme s'il ne s'était plus reconnu le même, ni les autres semblables à ce qu'il connaissait d'eux.

L'enfant n'a généralement *rien* manifesté, et c'est en 8 à 15 jours que l'autisme s'est installé, dont on ne s'aperçoit qu'après quelques mois. « Il n'est plus comme avant », il ne regarde plus la mère et les familiers, il n'écoute plus, il n'explore plus rien, n'a que quelques gestes stéréotypés, parfois fugue.

Pour peu qu'un autre enfant naisse, l'enfant « en panne » peut s'identifier à ce nouveau venu et à tort se reconnaître en lui – et définitivement se perdre dans l'espace, sans plus répondre à son prénom.

Ce sont les enfants précoces et les plus doués de sensibilité qui risquent de tomber dans l'autisme quand on ne leur parle pas de tout ce qui les concerne, surtout les épreuves de séparation des personnes aimées et connues d'eux, quand on ne les traite pas en égaux.

Vous me dites que vous êtes élève à l'école normale de X., donc préposée à l'enseignement des enfants. Vous n'êtes guère concerné alors par les enfants autistes. Quoique si des enfants autistes ne gênent pas les autres, leur place est aussi bien à l'école, mais comme auditeurs libres, dans des classes bien au-dessus de leur âge. Ils entendent tout, et s'intéressent aux choses des grands et adultes plus qu'à celles des petits, où malheureusement on les cantonne, les croyant sourds et débiles. Ils n'ont pas de mains industrieuses et, même s'ils savent lire et écrire, ils ne le montrent pas. Ils ne sont pas comme les autres, mais sont les plus sensibles et les plus intelligents de leur famille.

Je ne peux pas vous parler ainsi, sans tel cas précis que vous connaîtriez parfaitement.

L'autisme est le résultat d'un *malentendu,* d'un *mal vu,* d'un *malcompris* soit un jour entre 4 mois et 9-10 mois entre un bébé et sa mère, soit d'une façon plus chronique entre un individu et sa famille, où il n'a pas la place qui lui revient, quelle qu'en soit la raison.

La psychanalyse fait beaucoup de recherches

et, en effet, c'est chez les tout-petits qu'on peut avoir le plus de succès thérapeutique, en travaillant avec la mère et l'enfant, avant que l'enfant n'ait élaboré tout un monde délirant, par-delà sa fracture du lien symbolique premier à sa mère, brisure dont il faut rechercher l'origine et parler la douleur qui ne s'était pas exprimée.

Les recherches concernant les psychoses précoces sont d'autant plus nécessaires qu'il n'y a presque plus de mortalité physique infantile. On assiste à la mortalité symbolique et à la morbidité du sujet de langage, certainement plus grave que la mort réelle et les infirmités physiques.

Je ne peux vous en dire plus. On ne peut d'ailleurs travailler que sur des cas particuliers et non en théorie abstraite.

En tout cas, ce qu'il faut retenir, c'est que ces enfants sont des hypersensibles, plus intelligents que la plupart des enfants de leur âge et que bien des adultes. C'est pour cela qu'ils angoissent, qu'ils gênent les autres, qui se sentent questionnés par ces créatures devenues étranges, toujours en parfaite santé, souvent belles, avec leur esprit ailleurs, muettement, et coupables de ne pas les comprendre, de ne pas savoir leur répondre ni rester naturels avec eux.

Recevez, Mademoiselle, l'expression de mes sentiments les meilleurs.

TABLE

Aubin Imprimeur
LIGUGÉ, POITIERS

Achevé d'imprimer en janvier 1991
N° d'édition ES 91010 / N° d'impression L 36889
Dépôt légal février 1991
Imprimé en France

ISBN 2.73.82.0375.2
33.12.5375.01/2